みなさんはこれまで長い間「学校」という社会のなかに「学生・生徒」という立場で属していました。では、これから飛び込む「一般社会・企業社会」は今までとはどのような違いがあるのでしょうか？

何よりも大きく異なるのは一つの組織に属し、給料を得るという事実です。当然やるべき「仕事」があり、自由になる時間も減ります。その仕事の「締切り」を守らなければ周囲に迷惑をかけることになります。上司からはその仕事の「結果」を評価されます。また、属した組織のなかに限らず、お客さまも年齢層が幅広く、これまでとまったく異なる環境であることはいうまでもありません。

さらに 2020 年 2 月以降の新型コロナウイルス感染拡大の影響により、人々は新しい生活様式を余儀なくされ、組織活動のあり方や人々の働き方が変化しました。本書の社会人の常識・マナー編で学んでいただくこと以上に「新しい」ルールが世の中に定着しつつあります。

まずは、環境の変化を受け入れて、自分の「モノサシ」による考え方だけでなく、本書にある社会の一般的な常識やマナー、これから所属する組織の規則にそった行動をとりましょう。

慣れないうちは悩んだり、ストレスを感じることがありますが、それはあなただけではありません。多くの先輩たちも生活や環境の違いを乗り越えて活躍しています。

時には先輩や上司に相談することも有意義です。アドバイスや指導には感謝の気持ちを忘れず、謙虚に、かつ素直に受け止め、自分の行動を進化させましょう。

CONTENTS

ケーススタディ

総論
社会人生活の基本

1 コンプライアンス感覚を身につける

2 社会のスタートラインに立つとき

3 ビジネスシーン別マナーの基本

例年、新入職員の方々に尋ねてみると、敬語や電話応対が、自信のないビジネスマナーの筆頭にあがります。それは今も昔もさほど変わりがありません。しかし、筆者が学生の頃と比べて最も事情が異なる点は「携帯電話」「スマートフォン」の存在です。

個人から個人への通話が当たり前になりました。その結果、最近の新入職員の方々は、かつての新入職員の方々よりも家庭内での固定電話に家族を代表して出た経験が少ないのです。敬語の使い方や電話応対は経験によって習得する部分がありますから、携帯電話ばかり使っていたのでは、社会人になったときに自信がもてないのは当然です。社会人としてのレベルに達するために、まずは原則論を押さえましょう。

また、敬語さえ正しければよいというわけではありません。お客さまや上司の立場・視点を理解したビジネスコミュニケーション自体が重要なのです。具体的には、指示を受ける、質問をする、連絡する、相談する、報告するということです。それらをいつ行うかという「タイミング」や「話の聴き方」「質問や依頼の仕方」のコツがわかれば、うまく仕事が進みます。

次ページに10個の設問があります。あなたの社会人度を検証してみてください。

ケーススタディ

1 あなたの社会人度をチェック！

次の1～10の設問を読んで、問題ないと思ったらOKに、不適切だと思ったらNGに○をつけてください。

このようなチェック項目において、社会人の場合は全問正解を求められます。7割、あるいは8割程度で合格となる学生時代の試験とは異なります。

No.	設問	OK	NG
1	電話に出たら先輩宛てだった。離れているが同じフロア内に先輩の席がある。先輩は書類作成中のようだ。すぐに取り次ぐことができそうであることから保留ボタンは押さない。		
2	名刺入れを買うのに、大好きなキャラクターがカラフルにデザインされたものと、紺色のシンプルなものとで迷ったが、紺色のほうにした。		
3	社会人の言葉遣いとして一人称（自分自身）には「自分、わたし、僕」を用いるのが正しい。		
4	依頼された仕事を、問題なく、指示どおりに終えることができたので、特に報告をしない。		
5	上司と二人でタクシーに乗って移動することになった。後部座席に並んで乗る場合、運転席の後ろに座る上司が先にタクシーに乗り込むのが正しい。		
6	冬にコートとマフラーを着用して取引先に訪問するとき、コートもマフラーも室内に入って体があたたまるまで身に着けたままでよい。		
7	昼食後、リフレッシュのために休憩室で座ったまま簡単にできるストレッチを行う（肩を回す、肩甲骨同士を寄せる等）。		
8	取引先の方お二人（上司と部下）と自分が名刺を交換する場合、上司の方との名刺交換を先に行う。		
9	オンライン会議に出席するときは、他の参加者を急がせてもよくないので開始時間ぴったりにログインする。		
10	お客さまに「手数料が高いわね」「混んでいてずいぶん待ったわ」など、自分の落ち度ではないことについて不満をいわれたときでも、心から「申し訳ありません」と謝る。		

解説

1．電話の取次ぎ

42ページや59ページの記載のとおり、電話を取り次ぐ場合は「少々お待ちいただけますでしょうか」と相手に了承を求め、応諾を得てから「保留ボタン」を押します。

「自分が」すぐ取り次ぐことができるかどうかではなく、「相手に」周囲の余計な音声や情報が伝わってしまわないか、という他者視点があると「保留ボタン」を押す、という判断になります。

保留を解除して改めて会話を始める場合は冒頭の「（大変）お待たせいたしました」を忘れないようにしましょう。

一般的に保留ボタンは色が目立つ、ボタン自体が一回り大きいなどの特徴があります。固定電話を使う機会が減っていますから、使い方に自信がない方は配属後に「電話機」の機能を確認することをお勧めします。

2. 名刺入れ

学生時代に名刺入れをもっている人は少ないでしょう。しかし、社会人には必需品です。会社から名刺を支給されることがわかったら、必ず「名刺入れ」を買いましょう。名刺入れに限らず、仕事で身につけるモノの全般にいえることですが「シンプル」で「ほどほどの値段」のものをお勧めします。ブランド物である必要はありません。キャラクターデザインや飾り・大きなブランドロゴは避けましょう。

過去に筆者が受けた質問に次のようなものがあります。

・値段はいくらくらいのものがいいですか?
・ステンレスとかアルミ素材のカードケースみたいなものでもいいですか?
・飾りがあるのは?
・厚みのあるものと薄いもののどちらがいいですか?
・中に仕切りがあるほうがいいですか?

名刺入れなら値段は3000円前後から1万円弱といったところでしょう。一般的には皮・合皮のものが多いです。色は落ち着いた黒・紺・茶等が無難です。

事務系の職種の人は使用頻度が低いので薄めのもので十分でしょう(名刺入れは必要です)。営業職の人は頻繁に名刺入れを使います。できるだけ多くの枚数を収容でき、仕切りがあるもののほうが使い勝手がよいです。

ステンレス・アルミのものは収容枚数が少ないので、お勧めしません。

3. 言葉遣い

ビジネスシーンで、自分自身を指す言葉(一人称)は「わたくし」あるいは「わたし」です。31ページにあるとおり、「僕」はビジネス敬語表現としては好ましくありません。「自分」と表現する方もいらっしゃいますが、ビジネスの場面では一般的ではありません。「わたくし」か「わたし」と表現できるように慣れましょう。

4. 終了報告

問題なく仕事を終えることができると、自分は安心して次の仕事に取りかかることができます。

しかし、13ページのように、働く人それぞれの「組織のなかでの役割」は全体の一部です。いうなれば、あなたの「終了」はだれかの次の仕事の「開始」といえます。

34ページのとおり、順調、あるいは問題がある等の途中経過や、終了報告は「指示者」に対して行うのが原則です。

5. 車中の席次

タクシーのように運転手がいる場合は、運転席の後ろが上座になります。上席者は上座に座るため、上司が先に、部下は後から乗ります。ちなみに、エレベータに乗る場合にも、乗り込む順番は上席者からで、部下は後からになります。「『乗り物』には上席の方から乗るのが原則」と覚えておくとよいでしょう。

5人乗りのタクシーで、後部座席に上司・先輩・新入職員の三人が座る場合は、座りにくい真ん中の席が一番下座になります。そのため、乗り込む順番は、最初に上司、次に新入職員、最後に先輩です。

しかし、実際には、上司、先輩に余裕をもって座っていただくために、新入職員は助手席に座ることが多いです。39ページの車中の席次をみるとわかりやすいでしょう。

ここで紹介したのはあくまで一般的な原則です。実際には臨機応変に対応することが求められる場面もあります。たとえば、高齢の方や身体が不自由な方などと同乗する場合には、乗り降りのしやすさ、乗車中の安全のほうが、上座・下座の原則よりも優先します。

6. 冬場のコートやマフラー

マフラーもコート同様に38ページに記載のとおり、訪問する取引先の建物に入る前に脱ぎましょう。広い敷地の取引先であれば門の手前で脱ぎます。帰りも建物あるいは敷地を出てから身に着けるようにします。「寒いので中で着てください」とおっしゃってくださるお客さまもいらっしゃいます。よほどの悪天候でない限りは「ご配慮ありがとうございます。大丈夫です」と答えましょう。

7. 休憩時間の過ごし方

休憩時間は、心身ともにリフレッシュするために活かすべきです。周囲の方へ配慮しながら、できる範囲で身体を動かすことも自己管理のうちです。エレベーターでなく、階段を多用するのもよいでしょう。

休憩時間にスマートフォンを触ってばかりというのは、周囲を拒絶しているような印象を与えます。限られた時間の使い方も社会人としての自覚を問われます。

8. 名刺交換

名刺交換をする場合、一対一とは限りません。自分一人に対し先方がお二人の場合は、まず先方の上席の方と交換し、次にもう一人の方と交換します。先方も自社も二名の場合は、41ページのように上席者同士から始めます。

特に渉外・営業職になると、初めてお目にかかる社外の方といつでも名刺交換ができるように、名刺入れはいつもすぐ出せるようにしておきましょう。

9. オンラインでの会議にログインするタイミング

対面での会議と同様、オンラインでの会議も遅刻は厳禁です。5分程度前にオンライン会議システム上の指定のIDにログインしましょう。音声やカメラのテストをする余裕もできます。待つ間はマイクやカメラをOFFにしておいてかまいません。時間ぴったりのログインは遅刻ではありませんが、他のご参加の方々がそろっていれば、新入職員のあなたが最後の一人となってお待たせしてしまうことになってしまいます。また、会議の主催者としてオンライン会議システムのホストになる場合は、10分前にはログインして他の参加者を迎え入れるようにしましょう。

10. お客さまの不満

設問のような、一職員の力ではどうしようもないことに対してどのような言葉を返せばよいでしょうか?

お客さまに同調して「ホントですよ、こっちも困ってます」と言葉を返すのは金融機関の職員の立場と役割からすると誤った対応です。このようなときに配慮すべきは、お客さまの気持ちや状況です。空いていると思って来店したら混んでいてイライラなさっているのかもしれません。

「ご要望にそえず申し訳ありません」

「お忙しいところ、お待たせしております」

など、お客さまの心情を理解していることを表す言葉かけをしましょう。

正しい回答

	OK	NG
1		○
2	○	
3		○
4		○
5	○	
6		○
7	○	
8	○	
9		○
10	○	
合計	5	5

正解10個	社会人として問題なし
正解8～9個	惜しい、もう少し
正解7個以下	社会人として、謙虚にがんばろう

2 メモの取り方

あなたは新入職員として、とある支店の融資係に配属になったばかりです。

さて、ある日の午後1時頃、愛知先輩から左記のような指示を受けました。

口頭でこの指示を受けたつもりになってメモを書いてみましょう。

愛知先輩：

今日の夜、月1回行われる支店内での会議があるんだ。

資料の準備を手伝ってほしい。会議の場所は食堂だよ。

本部から支店内で情報共有して検討するようにという通達があって、A4で3ページくらいのペーパーかな？

それを総務の青森さんのところへ取りに行ってほしいんだ。

そのほかの資料もそうだけど…いつも大体12部、コピーしてたっけ。参加者は11名。1部は予備。それから、融資係で作成した報告書。まぁ、主に秋田係長が作ったんだけどね。

こっちも同じく12部印刷する。これらは渉外係（外回りの営業部門）の石川課長に先に1部ずつ渡してほしい。いつも会議資料は事前に渡すことになっているんだ。

データのありかは係長に聞いて。こっちは支店内のデータだから、コピーじゃなくてプリンターから印刷できる。知ってた？うちの支店のコピー機の契約だとプリンターのほうが1枚当たりのコストが安いんだよ。

ええっと、今日の夜6時からのスタートに間に合わせないといけないんだ。私はこれから外出するから、頼んだよ。できるだけ進めておいて。あっ、印刷はA4サイズで白黒、両面印刷だよ。私は4時には戻ります。

メモ

解説

メモの取り方

ルーズリーフやミスプリントした紙の裏面にメモをするよりもノートのほうがよいでしょう。指示を受けた際のメモを紛失したら仕事が進まなくなるからです。会社支給の大学ノートで十分です。

また、日時を書き入れることや、前述のような指示とほかの事柄を同じページに混在させないのもコツです。

「書く」というビジネススキルが、不得手だと思う人にありがちな勘違いは、要点だけ無駄なく書こうとすることです。ビジネスパーソンとして熟達するまでは、まず「全部書く」こと。基本レベルで大切なポイントは、モレがないことです。

また、どのくらい事実の積み重ねがある記録かどうか、という点が仕事上のメモの優劣を決

めます。日時、金額、期間、など主に数字にかかわることや名前、社名、住所、固有名詞の類いの「5W3H（具体的には45ページで説明します）」をもらさず書きましょう。会話をしながらメモを取ることがほとんどですから、スピード重視でカタカナで書いてもかまいません。後から書き足すことができるように行間を空けて、一行飛ばしに書くぐらいがベターです。

指示の受け方

指示を受けることは仕事のスタートです。指示の受け方がその仕事のできのよしあしを決め、ひいては、あなたの評価に連動します。

前述の5W3Hをふまえたメモの取り方のほかには話の聴き方、質問の仕方があります。

解答例　メモ

②基本的に箇条書き

①指示を受けた日時を記載する

③・何が
・いつ
・どこで
の情報は近い場所にまとめる

④合計だけでなく、内訳も書く

⑤できあがりイメージは具体的に

⑥周辺情報も全部書く

> ＊月＊日　13:00
>
> 月イチ支店会議　本日　食堂　18:00
>
> ● 本部通達　A4で3ページ　総務／青森さん
>
> ● 12部コピー、予備1部＋11名
>
> ● 融資係　報告書（秋田係長作成）も12部印刷
> （プリンターから印刷。　コストが安い）
> データのありか聞く
>
> ● 石川課長に2種類とも各1部を先に渡す
>
> ● 印刷はA4サイズで白黒、両面印刷
>
> ● 愛知先輩は　16時戻り
>
> ● できるだけ進める

◆話の聴き方

指導や指示をする上司や先輩が困ることの一つに、新入職員が話を聴いて理解しているのか、していないのか、様子から読み取れない、ということがあります。新入職員として「聴き方」は上司・先輩に対するサインと考えましょう。

相手と目を合わせ続けると「にらんでいる」という印象を与えます。また、メモを取るのに一生懸命になりすぎると、まったく指示者の顔をみないことになってしまいます。

メモと指示者の顔を交互にみるようにしましょう。

うなずくときは、あごが10センチ程度、上下します。その際に無言で首だけ動かしているのではなく、「はい」「かしこまりました」「○○ですね」などとあいづちの言葉や復唱を入れましょう。これができると指示者も話しやすく、ちゃんと「聴いている・理解している」と感じます。

質問例

前ページの指示の内容から以下のような点に疑問がわく人は注意深い人です。

- クリップ留め、ステープラー留め等、指定はあるのか？
- 石川課長の1部は12部のうちに含めてよいか？
- この会議に自分も参加するのか？
- 定例会議のようだが、来月以降、資料準備は自分の仕事と思っていてよいか、それとも今回だけのことか？
- まず、1部作成して、16時に戻った愛知先輩に確認をお願いしてから人数分の準備をしたほうが安全ではないか？
  ※「できるだけ進めてほしい」と指示を受けているので、自分自身である程度、判断して進めるほうがベター
- 食堂は2時を過ぎれば、人がいない。机と椅子の並べ方は変えなくてよいのか？

等

◆質問の仕方

質問は、クッション言葉から始めます。33ページに具体例があります。

質問したい事項が整理されていれば、クッション言葉の代わりに「3点、質問があるのですが、よろしいでしょうか」と始めてもよいでしょう。

指導・指示を受けたけれどもわからない、あるいは失念した場合は「二度、同じことを伺って申し訳ありませんが…」などと表現します。

3 三者間の敬語

ただでさえ、口が回らなくなる敬語ですが、目の前の人と会話をしているなかに、立場の異なるもう一人の人が登場したときは、さらに間違いやすくなります。

左記の事例で考えてみましょう。

○○社の村田様と茨城先輩、そして自分自身の三者が会話に登場します。

解説

お客さまの言葉や動きを表現するときは、尊敬語を使います。間違いやすいのはあなたとお客さまの会話のなかで上司・先輩の言葉や動きを表現するときです。このときは謙譲語を使います。

※身内の先輩でも「茨城が…」と呼び捨て

※身内の動作は謙譲語で（「〜しております」）

尊敬語、謙譲語は30ページに触れているだけなので少しむずかしかったと思います。しかし、敬語を正しく使うことが、立場を正しく理解していることの証明になりますから、間違って覚えないように十分に注意しましょう。

（事例設定）

外出中の茨城先輩から私に電話がありました。茨城先輩は出かける直前に○○社の村田様宛にファクシミリを送信したそうです。それが届いているかどうかの確認の電話をしてほしいという依頼を受けました。電話をすると運よく村田様が電話に出てくださいました。

事例：

村田様

はい、○○社、村田でございます。

あなた

いつもお世話になっております。
＊＊信用金庫の＊＊と申します。
早速でございますが、

村田様

私宛にいただいているのですね。
かしこまりました。確認して折り返します。

解答例

実は先ほど、私どもの茨城が村田様宛にファクシミリを送信しております。お手数ですが、受信をご確認いただけませんでしょうか。

コラム

人間関係作り～目上の人とのコミュニケーション

社会人になると幅広い年代の人が同じ組織に所属していることを実感すると思います。

自分の「親」の年代に近い人が、直属の上司ということは珍しくありませんし、いちばん年齢の近い先輩が30歳代ということもありえます。学生と社会人の最も異なるところの一つといってよいでしょう。

仕事のうえでなら、報告·連絡·相談などの「話すべきこと」がおのずと決まってくるからよいけれども、たとえば、昼食時に食堂で、あるいは宴会で同じテーブルに着いたときはどんな話をしたらよいか不安に感じる……という声を聞くことがあります。そのようなときにどうしますか?

まずは「あいさつ·声かけ」からスタートです。たとえば、昼食時の食堂で、席に着く場面を想像してみましょう。黙って座るより、「失礼します」と言葉かけがあったほうが感じがよいですね。すぐ隣に座っている人がいるのであれば、「お隣の席、よろしいですか?」と加えてもよいでしょう。最初の「あいさつ·声かけ」は自分から、これが鉄則です。もし、朝晩の行き帰りの道すがら一緒になったら、まずは「おはようございます」「お疲れさまです」を自分からします。スマートフォンをいじることや音楽を聴くことに夢中になっていて気づかない、というのは代表的なNG例です。印象がアップするのはたとえば、「おはようございます、いいお天気ですね」「今日は、忙しかったですね。お疲れさまでした」などと、さらに一言プラスすることです。そこから先の主たる話題を提供するということは新人のうちはかなりむずかしいことです。無理せず、聞き役に徹しましょう。

コミュニケーションをとろうとして働きかけてくださる人や、会話の輪のなかにスムーズに入れるように話題を投げかけてくださる人に対して、笑顔で、かしこまらず素直に(かつ、正しい敬語を用いて)言葉を返すようにしましょう。上司や職場の人から何気ない質問を受けたとき、その意図を考えて回答することを意識できるとよいでしょう。上司はさまざまな質問で、新入職員の状況を確認しています。「週末は何をしているの?」「趣味はどんなこと?」という質問にも意図があるものです。個人的な興味から根掘り葉掘り聞いているわけではありません。「プライベートにまで干渉されたくない」とネガティブな態度をとらないこと。

その質問の背景には「ちゃんと休めているだろうか?」「趣味を通じての友人はいるのだろうか?」「自己研鑽や業務知識をさらに深めるための時間はとっているだろうか?」という周囲の人の心配や気遣いがあることを理解しましょう。

仮に共通の趣味があることがわかれば、そこから先の会話がスムーズになるのはおわかりですね。同じ趣味でなくても周囲の人に自分を理解していただけば、相手も話題を選びやすくなります。「冬はスノボをするんですけど、暑いのが苦手なんで、夏はすっかりインドアです」「ランニングが好きです」「休日はＤＶＤで映画三昧です」などと少しずつ自分のことを話すことをお勧めします(ちなみに休日の話題が賭け事、合コン、ゲームの類いばかり……というのは、危険視されます)。

自分自身が目上の人とうまくコミュニケーションをとることができるか、うまくできないか、あるいはコミュニケーションをとるときにストレスを感じないか、感じるか、ということは社会に出てからの人間関係を左右します。内定者のうちから、多様な年代の人と話をする機会を得ておくとよいでしょう。

総論

社会人生活の基本

新しい「立場」と「役割」

学生と社会人の違いは？

あなたはこれから企業に属し「社会人」となる日が近づいています。学生と社会人にはどのような違いがあるのでしょうか？

大きく分けて次のように考えることができます。

まずは行動面です。学生のうちはまず自分の都合を優先することができます。受けたい講義に出て、好きな時間にアルバイトをすることができます。本業である学業は、授業料を払って講義に出る「お客さま」の立場です。アルバイトはあくまでも一時的な労働であって、大きな責任を負うことは少ないはずです。

社会人になると、まず相手や周囲の都合や環境を考慮しなければなりません。「時は金なり」というように、常に時間をコストに置き換えて考えるからです。そして、労働力を提供し、その対価として給料を受け取る立場のため、仕事が生活の中心となります。

次に思考面です。学生は試験に代表されるように暗記力を試される機会が多く、課題もその答えがあらかじめ用意されたものであり、しかも答えは一つであることがほとんどです。また、論文などでもまず理由から説明し、結論は後になり、プロセスの論理性が重要とされています。

社会人になると予定どおりに進まないことが数多くあるので、暗記力より調整能力が求められます。表現に関しては先に結論を示し、理由は後にして、内容全体を要約して説明する必要があります。また、論理的であるだけでなく、正確な状況把握や人間関係も考慮した判断が求められます。組織において中核になればなるほど、課題は自ら設定しなければならず、当然自ら答えを探し、その答えも複数、存在します。

次の表は学生と社会人の違いをまとめたものです。社会人になってしまうとすぐに意識しなくなりますが、初めのうちはこういった違いを意識して行動することが一人前の社会人になる近道なのです。

学　生		社会人
個人	行動	組織を構成する一員
時間にルーズでも自己責任 自由になる時間は比較的多い	時間	締切り必達 自由になる時間は少ない
学費を納める	報酬	給料を受け取る
保護者や先生に守られている	社会的責任	自分の行動には自分で責任を負う
試験・テストの点数で決まる	評価	仕事の成果を上司によって評価される
同年代が多い	人間関係	幅広い年齢層の人々と接する
親・学校が用意したもののなかから選択する	物事への姿勢	自発的に学ぶ姿勢と行動を必要とする

組織とは？

組織とは個々に役割を分担する構成員が、相互に協力しつつ、統率者の指揮のもとに、共通の目的を達成しようとする集団のことです。

あなたはもうすぐ金融機関という組織のなかの一員になります。利益をあげ、社会に貢献するという組織の目的を達成するためには、その組織を構成するすべての人が自分の立場を理解し、分担した役割を果たす必要があります。

しかし、自分ひとりでできる仕事には限りがあります。協働しているからこそ、目標を達成することができるのです。組織の一員として、上司・先輩と良好な関係を築き、正しく指示・命令を受け、報告や連絡、相談をし、同僚とも協力や連絡をしあうことが必要不可欠になります。

実際に仕事を成し遂げるためには、職場の上司・先輩と自分というタテの関係だけでなく、同僚や他部門とのヨコの連携を有効に働かさなければなりません。このように組織運営のなかでは相互に協力しあうことが強く求められます。あなたもいずれは後輩を迎える立場になることを忘れず、一日も早い成長を目標にしましょう。

私の位置づけ

上司
補佐（報告／情報提供／意見具申）
指示・命令
指導・管理
同僚　協力／連絡　私　協力／連絡　同僚
協力
協力
指導
援助
後輩

心構え

成長の早道は「組織のなかのどの役割を担っているか」「いつまでに」「何ができあがっていなければいけないか」という役割、期限、成果を常に意識することです。「立場」と「役割」をふまえて「期限内」に「成果」を出して初めて「対価（報酬）」や「評価」が得られるのです。そして同じ「成果」であれば、最短の時間と最善の方法で行ったほうが高い評価を得ることができます。

新入職員の場合は、当初は仕事を覚えるだけで精いっぱいでしょう。しかし、いかに「以前よりコストを少なく」「以前よりスピーディに」仕事をするかといった生産性をあげる意識が大切です。

目標

組織には目標があります。自分の所属する組織全体、部署、自分自身の目標を認識し、日々、達成のための活動がなされていなければなりません。また、目標は3年単位、1年単位、半期（6カ月）、四半期（3カ月）、当月、今週、今日と大きい目標から細分化されています。その目標を念頭に日々の活動を考えましょう。

コスト

自分だけが「まぁ、いいか」と考える無駄も組織全体の人々が同じことをしたら大変なコスト高になります。毎日の仕事のちょっとした無駄も、それが1年間続いたら、大変な量になってしまいます。自分のことだけを考えずに組織全体に置き換えて考える視点をもちましょう。

新入職員としての役割

正確・迅速・親切さ

入社後、あなたが周囲の方々から期待されることはどのようなことでしょうか。もちろん、知識やスピードでは先輩にかないません。

まず最初に金融機関の新入職員に対して、最も強く求められていることは「正確」さです。

金融機関に対してお客さまは「間違わない」という信頼を置いてお金を預けています。この信頼を裏切ることなく業務を遂行しなければなりません。まずは正確さを維持しつつ徐々に「迅速」を目指し、かつ、お客さまにとって「親切」さが感じられるようになることがベストです。

また、組織が新入職員に求めることは「明るさ」と「責任感」と「自己管理・健康管理」です。

明るさ

新入職員には節度ある「明るさ」が期待されています。いつでも言葉や返事ははっきりとし、正しい敬語・言葉遣いを用いることが大切です。フレッシュマンらしい好感をもたれる身だしなみと節度をもった明るい態度を心がけましょう。

責任感

新入職員として責任感をもって仕事をするということには、大きく二つの意味があります。

まず一つめは、できることは最後までやり通すということです。自分が担当することになった仕事のなかには、毎日欠かさずに行わなければならないことも出てきます。やったりやらなかったりということは許されません。もちろん業務上では、管理表があって忘れるなどということがないようになっていますが、いつも上司から「終わったか？」と確認されるようでは責任感に乏しいと思われても仕方がありません。

二つめは、「知らない」「できない」「間に合わない」といったことはきちんと上司・先輩に伝えることです。「知らない」「できない」といってもその仕事をやらなくてよいということではなく、調べながら、教わりながら進めるので時間がかかることを了解してもらうということです。

金融機関の業務は時限性が高いので、間に合わなくなってからの報告では取り返しがつきません。時間内に事務処理が終わらなさそうだとわかった時点で、すぐ上司や先輩に相談しましょう。

そのためには、自分は○○の仕事が、△件あったら、どのくらいの時間でできるのかを認識していなければなりません。自分ができる仕事の「量」（パフォーマンス）を覚えておいたり、日誌に記録しておいたりすることをお勧めします。記録することで後から振返りができ、自分自身の成長を実感することもできます。

また、上司・先輩に頼るだけでなく、次回はどうやったら自分でできるのか、改善や工夫をすることも重要です。

自己管理・健康管理

一つひとつの業務を習得し、正確に迅速に処理することができるようになっても、健康管理を怠って欠勤するようなことになれば、結局は周囲の人たちに迷惑をかけてしまいます。常に健康で休まず出勤し、責任をもって仕事に携わることが求められています。

みなさんは自分自身の体力や健康に自信がありますか？　どんなに体力や健康に自信があっても、これまでの学生時代を振り返れば、たとえば体調を崩したり、怪我をしたり、という理由で学校を休んだことはあるはずです。今後、社会人となってもそのようなことがあるかもしれません。また、あなたが休んでいる間、ほかのだれかがその仕事を補って、代わりに担当しているとしたら、別の負担やコストが生じます。つまりあなたの仕事が進まない（＝ゼロ）だけではなく、ほかの人の仕事も遅れる（＝マイナス）ことになります。

新入職員となったばかりの時期は、それ以前に比べて生活のリズムが極端に変わる人が多いと思います。上司や先輩のなかで初めて働くわけですから、緊張もしますし、もちろん失敗もします。精神的な疲労と体力的な疲労に備えましょう。

具体的な対策は「休養」と「栄養」と「運動」と「ストレス解消」です。次にあげるポイントをあなたは押さえていますか？

〈休養〉
自分に必要な睡眠時間を、確保すること

〈栄養〉
食事は三食とって、適量で、偏りがないこと
飲酒は適量に

〈運動〉
意識的に身体を動かし、体力を維持すること
※就職の前後で運動量が変わる場合は要注意

〈ストレス解消〉
自分なりのリフレッシュ方法があること

ストレスへの対処法

仕事に前向きに取り組むためには、厳しい社会の環境に適応し、心も身体も健康である必要があります。しかし、仕事には「ストレス」が伴います。

そもそもストレスのない「社会人生活」はありえません。ストレスと上手に折り合うために、自分なりのストレス解消・リフレッシュ方法が必要なのです。

一日のリズム作りの基本は朝食

前述の〈栄養〉の部分で「三食」と書いていますとおり、「朝食・昼食・夕食」のすべての食事は大切です。また、最近の学説では、特に朝食をとることで脳が活性化し、集中力も増すといわれています。

２０１９年に文部科学省が公表した「平成31年度全国学力・学習状況調査」では、学校に行く前に朝食を食べる生徒は、全科目で朝食をとらない生徒より同調査の平均正答率が高いという結果があります。また、２００７年には千葉大学の教育社会学の研究グループから、品数の多い朝食をとる子供は「学校が楽しい」と感じる割合が高いという調査結果も発表されています。

朝食と「結果」「意欲」の関係もぜひ覚えておきましょう。

● あなたのリフレッシュ方法は？

方法	ポイント
好きなもの・おいしいものを食べる／お酒を飲む	適量を心得る。
運動する	スポーツのほかにヨガやストレッチ、散歩といった軽い運動は手軽なわりに効果大。
お風呂・サウナ・温泉	ぬるめの湯で30分程度の時間をかけてゆっくり入浴すると疲れもとれる。
寝る	寝すぎて昼夜逆転にならないように。
おしゃべり、電話	携帯電話の通信費も考慮する。
ドライブ	交通法規は厳守。

コラム
失敗した後の鉄則とあいさつ

自分が新入職員になったら……と考えるとどんなことが思い浮かびますか？

お客さまと応対している自分の姿を想像すると

「失敗しないかな？」

「先輩や上司はどんな人だろう？」

といろいろなことに期待や不安があると思います。

どんなに優秀な人材でも、新しい環境では未知のことだらけですから、どんなに注意していても失敗はあります。電話応対で取引先の会社名を何回聞き直しても聞き取れなかったり、伝票を間違えて書いてしまったり……。

失敗した後の鉄則は

①迷惑をかけた人、フォローをしてくださった人にお詫びと感謝を忘れない

②くよくよしない

③同じ失敗を繰り返さない

の3点です。

失敗の多くは、一度経験すればわかることです。「なぜ、こうなってしまったのか」をきちんと把握して次回からの注意ポイントを理解すれば、たいていのことは一つひとつクリアしていくことができるはずです。

先輩職員の悩みの種は「失敗したり、注意をされたりすると落ち込むタイプ」の新入職員です。

もちろん仕事は間違ってはいけないものですが、翌日も、その翌日も失敗を引きずって元気をなくしてしまっていては「職場の雰囲気」にもかかわります。そういうときこそ、あいさつの声を大きくして気分を切り替えていきましょう。

あいさつといえば、かつて私が勤務していた支店では、毎朝、シャッターが開けられると同時に最初に入っていらっしゃったお客さまには窓口、後方事務全員、起立して「おはようございます、いらっしゃいませ」とお声かけをしていました。また、どの支店でも営業時間中は常に全員が窓口、ロビーのお客さまに気を配り、「いらっしゃいませ」と言葉をかけ続けます。

それはなぜでしょうか？

顧客満足（カスタマーサティスファクション）の向上のため？

もちろんその意味もあります。

あなたがお客さまの立場でお店に入ったとき、「いらっしゃいませ」の言葉がないと「？？？」と思いませんか？

商品を探しているとき「何にお使いですか？」と先に声をかけてもらったら「実は……」と話しやすくなりますよね。

用事がなくて金融機関に来るお客さまはいませんから、ロビーに立っているか、窓口の内側にいるかにかかわらず、すべてのお客さまを歓迎していることを表現しましょう。

実は「あいさつ・声かけ」にはもう一つの意味があります。それは「防犯」です。よからぬことをたくらむ人は必ず「下見」をするものです。下見に行った支店で職員からあいさつをされてしまうと「自分の存在への認識」の高さに実行を断念せざるをえないことになる……。どんなカメラや設備より絶大な効果があるといわれています。そんな観点であなたもいろいろな金融機関、そのほかの業界の店舗へ行ってみてはいかがでしょうか？

「よい点はどんなところ？」

「よくない点はどんなところ？」

「私だったらどうすればよいだろう？」

など、考えることが、すべてのスタートラインです。

コンプライアンス感覚を身につける

金融機関の社会的責任とは

金融機関の社会的責任とは

金融機関は高い公共性を有し、広く経済社会に影響を与えています。CSR=Corporate Social Responsibility（⇩単語集）を最も意識しなければいけない業種の代表は金融機関ということになるでしょうか。

企業は、経済的な利益を求めるだけではなく、社会や環境にも配慮した経営を行う責任があります。これは当たり前のようですが、ほんの少し前までは、「社会的貢献するのは好ましいに違いないが、利益をあげて会社に余裕がないとできない」というような主張が常識でした。

ところが、社会的責任を軽視した企業を、市民社会が許さなくなってきました。たとえば、環境を無視した企業活動、説明が不十分な商品、談合など不公平な商取引、不適切な勧誘、個人情報の漏えいなどをした企業が、社会的に批判されました。

最近の言葉でいいますと、ESG（環境・社会・企業統治⇩単語集）に関する社会的課題の解決のほか、国際連合が提唱するSDGs（持続可能な開発目標⇩単語集）の達成に貢献し、持続的な成長を目指す企業が求められるようになりました。

銀行においても、銀行の業界団体である全国銀行協会は「……人権を尊重しつつ、……持続可能な社会の実現に向けて、その社会的責任を果たすべく、不断の努力を払うことを誓い、この行動憲章を定めるもの」として下記の「行動憲章」を掲げるようになりました。もう理念の時代ではなく、具体的な行動で社会的責任を示さなければいけないということです。

個人情報保護

第一に、金融機関は、個人情報の宝庫だということを認識してください。単なるお客さまの名前・住所・電話番号といったインデックス情報だけでなく、勤務先・資産・家族構成などといった場合によっては他人に知られたくない情報も保有しています。

このように、一般企業よりも金融機関は豊富な個人情報（⇩単語集）をもっていますので、これらの個人情報が外部に漏えいしたり、改ざん・破壊されたりすると、お客さまへの迷惑ははかり知れないものがあります。また、金融機関自体の信用を失うことにもなります。

全国銀行協会「行動憲章」

（銀行の公共的使命）
1. 銀行のもつ公共的使命の重みを常に認識し、健全な業務運営を通じて揺るぎない信頼の確立を図る。

（質の高い金融サービスの提供）
2. 経済活動を支えるインフラとしての安定的な機能提供とサービスの高度化に向けた不断の創意と工夫に努め、お客さま本位の業務運営を通じて、お客さまのニーズに応えるとともに、市民生活や企業活動に脅威を与えるテロ、サイバー攻撃、自然災害等に備え、セキュリティレベルの向上や災害時の業務継続確保などお客さまの利益の適切な保護にも十分配意した質の高い金融サービスの提供を通じて、内外の経済･社会の発展に貢献する。

（法令やルールの厳格な遵守）
3. あらゆる法令やルールを厳格に遵守し、社会的規範にもとることのない、誠実かつ公正な企業活動を遂行する。

（社会とのコミュニケーション）
4. 経営等の情報を積極的、効果的かつ公正に開示し、銀行を取り巻く幅広いステークホルダーとの建設的な対話を通して、自らの企業価値の向上を図るとともに、社会からの理解と信頼を確保するべく、広く社会とのコミュニケーションを図る。

（人権の尊重）
5. すべての人々の人権を尊重する。

（多様な人材の活躍、健康・安全な職場）
6. 多様な人材の活躍を促進する制度や柔軟な働き方を実現する。また、健康と安全に配慮した働きやすい職場環境を確保する。

（人材育成への取組み、金融経済教育への貢献）
7. 人材育成や能力開発に積極的に取り組み、従業員の自律的なキャリア形成を支援する。また、金融経済教育への参画等により、社会の金融リテラシー向上に貢献する。

（環境問題等への取組み）
8. 地球環境や社会情勢の変化等への耐性の高いサステナブルな環境・社会の構築に向け、主体的に行動する。

（社会参画と発展への貢献）
9. 銀行が社会の中においてこそ存続・発展し得る存在であることを自覚し、社会とともに歩む「良き企業市民」として、積極的に社会に参画し、その発展に貢献する。

（反社会的勢力との関係遮断、テロ等の脅威への対応）
10. 市民社会の秩序や安全に脅威を与える反社会的勢力とは断固として対決し、関係遮断を徹底する。また、国際社会がテロ等の脅威に直面している中で、マネー・ローンダリング対策およびテロ資金供与対策の高度化に努める。

２００５年４月より個人情報保護法が全面施行され、それに伴い、金融機関は法律を厳格に運用すべく「個人情報保護宣言」を作成しています。個人情報の利用目的や開示・訂正などの手続、苦情の窓口をホームページなどで公表するようになりました。一度、入社する金融機関のホームページで「個人情報保護方針」を確認してみてはいかがでしょうか。なお、２０１６年１月に個人番号（マイナンバー）の取扱いが開始し、個人番号をその内容に含む個人情報＝「特定個人情報」についても保護の対象になりました。

本人確認・取引時確認の厳正化

次に、銀行取引における本人確認の重要性について理解しましょう。かつて（１９８８年まで）は、銀行の口座開設はお客さまの申告ベースでした。現在は、口座開設時や10万円超の現金振込等で法律に基づき運転免許証などで本人確認を行っているのは、みなさんもご存じのとおりだと思います。

歴史的にはまず、マネー・ロンダリング（資金洗浄）防止に伴う本人確認について国際的な要請がありました。その後、テロ資金供与の防止対策としても、同様に金融機関における本人確認の強化が求められました。

一方、国内でもヤミ金融や振り込め詐欺などの受け皿口座として不正利用されることなどが報道され、口座開設などに伴う本人確認の必要性が理解されてきました。この流れを受けて、当初は、業界のガイドラインによる規制でしたが、その後、法律（本人確認法）により本人確認（お客さまの氏名、住所、生年月日等の確認）が金融機関に義務づけられました。預金口座の管理について社会的責任が課されたといえます。

さらに、銀行取引だけでなく、不正取引防止のため、宝石・貴金属売買（２００万円超）の事業者、不動産取引・商業登記を代行する司法書士なども法律で本人確認が広く義務づけられるようになりました。これが、新たに２００８年３月に全面施行された「犯罪収益移転防止法」です。

そして、同法は改正され２０１３年４月から、口座開設などの際に、本人確認だけでなく、職業・事業内容や取引を行う目的などについても確認することになりました。

「説明責任」と「適合性原則」（金融商品の販売ルールに違反しないために）

金融技術の発展により、最近では、なかなか素人には理解しにくい金融商品が出てきました。外貨預金でさえ、外国為替が、１ドルが１００円から１２０円になるのが円安だというのがピンとこないお客さまや、金融機関の商品は元本保証が当たり前だと信じているお客さまもいらっしゃいます。金融機関の職員としては、オプションやスワップなどの金融派生商品（デリバティブ）に至るまで、すべての商品をお客さまのレベルに合わせて説明できなければいけません。

金融機関は、お客さまが理解できる言葉で説明したうえで、お客さまに都合がよいことばかり説明するのではなくリスクについても説明し、納得していただいて初めて説明責任（アカウンタビリティ（⇩単語集））を果たしたことになります。特に高齢者に投資信託を勧誘する場合、熱意ある説明だけでは不十分で、元本割れのリスクまで説明が必要です。

この説明責任に関する指針として、金融機関の店舗やホームページの下に「金融商品勧誘方針」（⇩単語集）なるものがあります。

たとえば、「お客さまの知識、経験、財産の状況およびお取引の目的に照らし、適切な商品の勧誘に努めます」（適合性の原則）などは、お客さま中心の考え方による行動指針といえましょう。

さらに、お客さま中心の考え方を進めるために、金融機関は「お客さま本位の業務運営に関する取組方針」を定め、取組状況を定期的に公表するようになりました。第三者の中立機関から評価を受けている金融機関もあります。

取引時の確認方法（警察庁のパンフレット（抜粋）より）

主な確認の方法

●個人の場合

代理人取引の場合には、実際に取引を行っている取引担当者の本人特定事項の確認も合わせて必要となります。

対面取引では……

- 運転免許証、在留カード、旅券等の提示、取引の目的及び職業の申告 → 取引時確認完了
- 健康保険証、国民年金手帳等の提示、取引の目的及び職業の申告 ＋ 「本人確認書類」に記載の住所に取引関係文書を転送不要郵便等で送付または提示を受けた「本人確認書類」以外の「本人確認書類等」の提示または送付　など → 取引時確認完了

非対面取引（インターネット、郵送等）では……

- 本人確認書類またはその写しの送付、取引の目的及び職業の申告 ＋ 本人確認書類に記載の住所に取引関係文書を転送不要郵便等で送付 → 取引時確認完了

コンプライアンスの重要性

コンプライアンスとは

「コンプライアンス」という言葉は、最近よく使われるようになってきた言葉です。日本語に訳すと、法令等遵守です。ややもすれば、法令やルールさえ守れば後はどうでもよいととらえがちになります。しかし、法律を守ることは当然のことで、重点はむしろその先にあります。「コンプライアンス」とは、一般市民あるいはお客さまから支持される公正な企業活動という理解がよいと思います。スポーツでいうフェアプレイが企業社会でも求められているのです。

それでは、お客さまからみて、「公正な企業活動ではない」というのはどういうものなのでしょうか。企業への利益要求、監督官庁の公務員への賄賂、談合、脱税、横領・詐欺などの犯罪・不祥事は、説明するまでもありません。

これらの犯罪の発端はちょっとしたはずみであることが少なくありません。いずれ不正は発覚し、人生を棒に振ることになります。

みなさんが金融機関の職員になって、お客さまとの関係で気をつけなければならない身近なことを例にして説明しましょう。

他人事ではないコンプライアンス違反

魔がさして人生を棒に振る ～預金の着服・使い込みの例

金融機関で昔から問題となる不祥事といえば、お客さまの預金の着服・使い込みです。借金の穴埋めや遊興費ほしさといったものが典型的で、個人的な動機です。目の前にある札束が「商品」ではなく「お金」にみえてしまうのです。

人間の弱さゆえ生じる不祥事なのですが、お客さまのお金に手をつけることは絶対に許されない行為です。

事の発端は、自分の手持ち現金が不足していたので、「後で返せばいいや」とお得意さまから預かったお金を一時的に一部借りてといった類いのものが少なくありません。

たとえば、新聞には次のような典型的な事例が社会面に掲載されることがあります。

> 約2年間で顧客30人の預金から着服。発覚を免れるため、着服した口座に別の口座から預金を移し替えるなどし、穴埋めを繰り返していた。顧客からの問合せによって使い込みが露見した。被害総額は5000万円を超えると推定される。

おそらく、発覚を免れるために自転車操業になり、結局は行き詰まってお客さまからの問合せで金融機関が調査し発覚というお決まりのパターンです。

この結果、本人の懲戒解雇は当然のことながら、刑事事件として業務上横領や詐欺で実刑判決を受ける場合もあり、民事上は損害賠償請求、場合によっては、マスコミの報道などにより社会的制裁を受けます。

「犯罪者」の身内ということで家族・親族への影響も無視しがたいうえ、上司も懲戒処分になります。さらに犯罪期間が長期間にわたった場合、金融庁からその金融機関に対して不祥事防止策を早急に検討し実施するよう業務改善命令が出されます。

アンフェアで人生を棒に振る ～インサイダー取引

金融機関の職員は一般人が知らない取引先の未公開の重要情報を知りうる立場になることが少なくありません。この場合、それを利用した株式投資は不公平・不公正であり犯罪になります。このような不公平・不公正な取引をインサイダー取引（内部者取引）といい、犯罪となります。

たとえば、典型例は次のとおりです。

> 融資審査部門の一員だった被告人は、A社が業績予想を下方修正するとの情報を入手し、公表前に同社株を空売り。B社など4社が第三者割当増資や株式公開買付けをするとの内部情報から4社の株を買い付けた。買戻しや売抜けにより計1400万円弱の利益を得た。

金融機関の機密情報は就業規則などで守秘義務が課されています。守秘義務とは、職務上知りえたお客さまの情報をほかにもらしてはならない義務のことです。

ところが、学校の先輩など恩義のある人についうっかり金融機関の機密情報をもらしてしまいそうになるケースは少なくありません。先輩への恩義も果たしたいし、かといって守秘義務もあるという葛藤です。この例では、**金融商品取引法**(⇩**単語集**)違反罪に問われる一方、就業規則違反にもなります。

この点、顧客名簿などを親しい知人に渡すといった例、さらに、金銭を目的として名簿業者に顧客データを渡すとなると窃盗です。

結局は、あなたの行動が一般市民あるいはお客さまからみてフェアであるかどうかが最も重要です。

以上、悪の誘惑に負けてコンプライアンス違反となるケースといっても他人事ではないことを理解していただけたのではないでしょうか。

ちょっとしたはずみに気をつける～加害者にならないためには

背任罪にならないために

ホワイトカラーの代表的な犯罪に、背任罪(刑法247条)・特別背任罪(会社法960条)というのがあります。実は、これらの罪も、他人事ではありません。

たとえば、「金融機関のため」と思って行った貸付で、運悪く貸倒れになった場合も、「もっぱら自分の地位を維持するためだった」と認定され、背任罪に問われる可能性があります。「自分かわいさ」「金融機関のため」ということも一概に否定できませんが、融資担当者として追い込まれ、なんとか打開しようと迷った揚げ句かもしれないのです。

この場合、犯罪に手を染めたかどうかは、先述した、一般市民あるいはお客さまから支持される公正な企業活動を行うというコンプライアンスの原点に基づいているかで決まります。

サイバー犯罪に巻き込まれないために

最近の風潮で気をつけていただきたいのが、インターネットがらみの犯罪に巻き込まれないことです。

インターネットは便利な分、ちょっとした心の緩みなどが思わぬ事件を起こす可能性があります。コンピュータウイルスやランサムウェアなどの不正アクセスやサイバー攻撃により、自己の意思に反してパソコンに記録した重要情報がネットに漏えいすることは、新聞報道などをみると他人事ではありません。メールの添付ファイルは安易に開かない、URLをクリックしない、ウェブサイトの閲覧は業務上必要な場合に限って行うなど注意すべきです。

私的なインターネット利用でも、仕事がらみの内容を掲示板、SNS(ソーシャルネットワーキングサービス)、ブログ、メールなどに書き込むのは避けるべきです。特にSNSは、その気軽さ・便利さにより、あっという間に情報が広がり「炎上」になることが少なくありません。

自分の投稿が不特定多数の人に公開されているという意識をもつこと、さらに一度投稿したものは永続的に残るおそれがあることを忘れないのが重要です。

セクハラを避けるために

セクシャル・ハラスメント(セクハラ)は、職務上の地位や権限を利用して相手の意に反する性的行為・行動をすることです。自分がこれぐらいなら大丈夫と思っても、相手が不快に感じればセクハラです。つまりセクハラとは、「職場環境を悪化させるもの」と理解するのがよいと思います。

新入職員は、セクハラの被害者になることはあっても加害者にはならないと思われるかもしれません。しかし、日頃の言動のクセが、自分が先輩・管理者になったとき、ついつい出てしまうものです。将来、加害者になるのを防止するためにも、初めが肝心です。

「○○さん、今日は年齢よりとっても若くみえますよ」とか、「○○ちゃん」と呼び「かわいいね」と繰り返すような言動でも、場合によっては、一般女性(男性)として不快を感じるかどうか、受け手の主観を重視しつつ判断されます。

以上、ちょっとしたはずみで、犯罪者(加害者)になる可能性がありそうな典型例を説明してみました。

Q1～Q10のうち正しいものは、どれでしょうか？

Q1 企業の社会的責任とは、収益をあげ株主などに利益を還元するとともに社会や環境に配慮した経営を行う責任のことである。

Q2 お客さまの預金の着服や使い込みは個人的な犯罪なので、金融機関の責任は問われない。

Q3 アカウンタビリティとは投資を専門とする機関投資家への説明責任のことをいう。

Q4 法令さえ守ればコンプライアンスについてとやかくいわれる筋合いはない。

Q5 個人情報を取得するには、利用目的を通知・公表・明示しなければならない。

Q6 1億円の送金を現金で受け付けるときは本人確認を行わなければならない。

Q7 背任罪は経営者のみが犯す犯罪であり、従業員にはまったく関係がない。

Q8 インサイダー取引とは、金融機関と金融機関の取引のことをいう。

Q9 セクハラとは、女性に対して配置、昇進などについて差別的な処遇をすることをいう。

Q10 個人的に接待を受けることは、公正に職務を行っていても、避けるべきである。

正解

Q1 ○
Q2 × 有効な不祥事防止策を実施するよう金融庁から業務改善命令が出ることもあり金融機関としての責任を問われることがある。
Q3 × アカウンタビリティとは、お客さまが理解できる言葉でリスクについても説明し、納得していただく責任のこと。
Q4 × コンプライアンスとは、一般市民あるいはお客さまから支持される公正な企業活動、という理解がよい。
Q5 ○
Q6 ○
Q7 × 従業員にも適用され、経営者のみに特定されない。
Q8 × 職務上得た一般に公開されていない重要な会社情報を利用して上場会社の証券の取引を行うこと。
Q9 × 職務上の地位や権限を利用して相手の意に反する性的な行為・行動をすること。
Q10 ○

社会のスタートラインに立つとき

あいさつ

原則

　社会人となって仕事を進めていくうえで、「人と人とのつながり」は大変重要です。それは前述のとおり、個人と個人というだけでなく、前提に社会における立場と役割があります。立場と役割をふまえた「人と人とのつながり」の始まりにあるもの、それは「あいさつ」です。

　あいさつは、「私は、あなたの存在を認めています」という意思表示です。言い換えれば、あいさつをしないことは、相手を無視することと同じ意味になってしまいます。

　たとえば上司・先輩から先にあいさつをされてしまうということは、上司・先輩の存在に気づくのが遅い、つまり立場の認識が弱いという解釈にもなります。あいさつが相手に聞こえていないこともよくあります。地声が小さい人は要注意です。

　内定期間中や入社後すぐは上司・先輩のみなさんの名前と顔が一致しません。そして、あなたはいちばん目下の立場にあたるわけですから、積極的に、相手よりも先にあいさつをしましょう。

「あいさつ」の言葉

　金融機関の支店に配属になると毎朝、行われる習慣があります。それはシャッターが開けられる前に全員で集合し、あいさつの7大用語（⇩単語集）を「唱和」することです。先輩方は何もみなくてもこの7大用語を順番どおりに声に出すことができます。

　慣れないと大きな声で「いらっしゃいませ」というのが気恥ずかしかったり、「お待たせいたしました」とスムーズに口が回らなかったりすることがあります。「かしこまりました」は頭ではわかっていても接客業などの経験がないとすぐに、つい「わかりました」といってしまいがちです。まごつかず、自然に「かしこまりました」と言葉にできるように日頃から気に留めておきましょう。

　これらの言葉が身についていないと、実際に仕事の場面ではすぐに口から出てきません。

　使い慣れない、使ったことのないあいさつの言葉は、まず声に出してみることから始めましょう。

あいさつの７大用語（演出のコツ）

①おはようございます（明るくイキイキと）

②いらっしゃいませ（歓迎の気持ちを込めて）

③かしこまりました（キビキビと）

④少々お待ちください（安心させるように）

⑤お待たせいたしました（謙虚な気持ちで）

⑥申し訳ございません（素直にお詫びする気持ちを表して）

⑦ありがとうございます（心から感謝を込めて）

場面別その他よく使うあいさつ

場面	あいさつ
外出するとき	「行ってまいります」
帰社したとき	「ただいま帰りました」
退社するとき	「失礼します」 「お先に失礼いたします」
お茶や食事をご馳走になったとき	「ご馳走さまでした」
ほかの部屋を訪ねるとき	「失礼します」 「お邪魔します」
話しかけるとき	「今よろしいでしょうか」 「お忙しいところ申し訳ありませんが」
返事	「はい」
目上の人に	「お疲れさまです」

「あいさつ」は言葉だけでなく全身で

　人と人が交わす「あいさつ」には言葉だけでなく、視線や表情、姿勢という要素も含まれています。言葉と動作が結びついて初めて好感度の高いあいさつになるのです。

《動作のポイント》

①相手の目をみているか
②笑顔があるか
③身体の向きやおじぎの角度は適切か

　笑顔を心がけ、場面によってふさわしいおじぎの角度があることも覚えておきましょう。

《おじぎのポイント》

①背筋を伸ばす
②首を曲げない
③上体を腰から倒す
④一度止める
⑤ゆっくりと元に戻す（スピードが大事）
⑥最後にアイコンタクトと笑顔

　女性の場合、手は身体の正面、下腹部のあたりで指をそろえ、右手の上に左手を重ねます。

　男性は肩の力を抜いて、身体の両脇に手を軽く下げ、指先を伸ばします。

　きれいなあいさつの流れは、まず言葉が先で、次に動作（おじぎ）です。

　おじぎは首を曲げずに腰から上体を倒し、その状態で一度、頭を止めます。頭を下げるスピードよりも頭を上げるスピードのほうがゆっくりになるように気を配りましょう。

　また、最後に正面を向いたら相手と目を合わせます。

　首だけのペコッとしたおじぎでは頭を下げる・上げるスピードに変化もなく、丁寧さに欠け、組んだ手の位置が高すぎると慇懃無礼な印象を与えますので注意しましょう。

おじぎの種類

　職場のエレベーター等で上司・先輩と一緒になるような場合のおじぎが会釈（⇩単語集）です。こちらは角度よりもきちんと目を合わせることがポイントです。

　窓口業務では、まず「いらっしゃいませ」というあいさつからお客さまとの会話を始めます。おじぎは下記の敬礼（⇩単語集）です。敬礼は最も一般的なおじぎで、最初に笑顔があるとお客さまも〝自分は歓迎されている〟という気持ちになり、その後のコミュニケーションも円滑に進みます。

　最後に「ありがとうございました」とお礼を述べる際には最敬礼（⇩単語集）です。このときに、お客さまのほうが深々と頭を下げていて、顔を上げたら応対者のほうがそっぽを向いていた、などということのないように心を込めて応対しましょう。

　お客さまがお帰りになる際は敬礼でお見送りします。

キーワード

あ：明るく
い：いつでも
さ：先に
つ：続ける

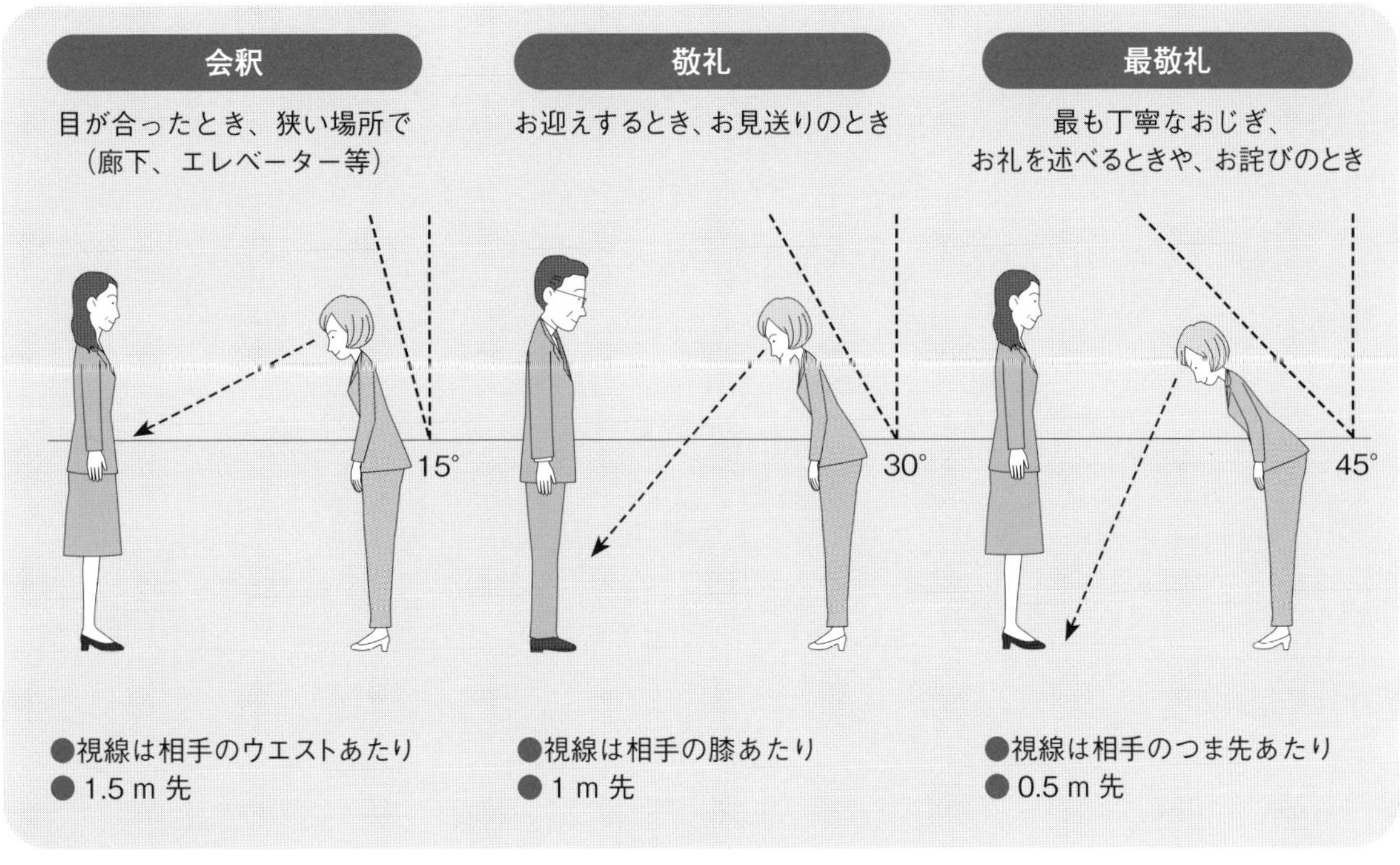

会釈
目が合ったとき、狭い場所で（廊下、エレベーター等）
15°
●視線は相手のウエストあたり
●1.5 m 先

敬礼
お迎えするとき、お見送りのとき
30°
●視線は相手の膝あたり
●1 m 先

最敬礼
最も丁寧なおじぎ、お礼を述べるときや、お詫びのとき
45°
●視線は相手のつま先あたり
●0.5 m 先

身だしなみ

原則

お客さまは非常に敏感

あなたは金融機関で仕事をすることになります。お客さまはあなたを通して大切なお金を預けたり、多額のお金を借りるのです。お客さまそれぞれに「不安」や「期待」をおもちですから、その仕事に携わるあなたの身だしなみや言葉遣いに対して、非常に敏感です。「なんだか派手な服装をしている」「言葉遣いがなれなれしい」ということに端を発して「この金融機関で大丈夫かしら」と考えるものです。

お客さまと接する立場であるにもかかわらず、お客さまに「服装や言葉遣いがふさわしくない」という印象を与えてしまうことは、同時に相手をお客さまという立場として認めていないという意味をもつことになります。このことは上司に対しても同様です。

世間一般で「金融機関の人はカラーのワイシャツはNGらしい」「指輪は片手に一つまで、目立たないものと決まっているらしい」というような話を聞いたことはありませんか？　それらは「お客さまに〝より〟信頼される」「仕事を遂行するうえで適した」服装・身だしなみという観点から策定されたルールです。

あなたがルールを無視して自分の考え方の尺度で判断した服装でいると、お客さまから「この人は会社のルールを守っていない（守れない）人だ」と判断されるリスクもあります。つまり、身だしなみがきちんとしていないということは会社に損害を与えるといっても過言ではありません。

「幅広い年代のお客さま」に「信用・信頼を感じさせる」

あなたが好感をもつ服装と、あなたのご両親やおじいさま、おばあさまが好感をもつ服装は同じでしょうか？　まったく異なりますね。

身だしなみのポイントは「幅広い年代のお客さま」に「信用・信頼を感じさせる」ものかどうかです。それをベースにあなたが就職するそれぞれの金融機関内で決められたルールをまず守ること、それが第一です。制服があって、出社時、退社時のみ私服であっても、行き帰りにお客さまと会うかもしれないことを忘れずに常に身だしなみに気を配りましょう。

身だしなみとおしゃれの違い

身だしなみ	お客さまのため＝パブリック（公）
おしゃれ	自分のため＝プライベート（私）

信用・信頼を得るポイント

1	自分がしたい「おしゃれ」（＝自分の考え）を優先させないこと
2	清潔第一
3	幅広い年代に支持されることが重要

身だしなみ その他のポイント

- シンプルで体のサイズに合ったものを着用する
- 制服は着崩さずに着用する
- 仕事中はアクセサリーを外す等の配慮をする
- ハンカチ・ミニタオル等をいつも準備する
- 帰宅後はスーツをハンガーにかけ、消臭スプレーやブラシを使って手入れをする
- ボトムスの折り目やシャツにアイロンがかかっている
- 「クールビズ」シーズン・在宅勤務の場合は組織の規定に従う
- 冬場に使用するコート・マフラー・手袋まで含めて社会人らしい服装を心がける

身だしなみ チェック表

項目	Yes	No
あらゆる年代の方々がみて違和感がない服装である		
デザインや色がカジュアルすぎない・肌の露出が多すぎない		
服にしみ、しわ、汚れ、ほつれがない		
髪の色は明るすぎない		
ひげを剃っている・剃り残しがない／適度な化粧をしている		
清潔な印象である（袖口の汚れ、肩のフケなどがない）		
爪は清潔で長すぎない・派手なマニキュアやネイルアートをしていない		
ポケットに携帯電話や財布、複数のペンなどモノを入れすぎていない 靴下の色は黒・紺・濃いグレーである／肌になじむ色のストッキングを履いている		
靴は磨いてあるか／プレーンなデザインか？		
香水・コロンはきつすぎないか？		
邪魔になる、あるいは目立つアクセサリーを身に着けていない		

悪い例　よい例

悪い例　よい例

表情・態度・姿勢

表情

笑顔は口元から

あなたが楽しくなくても、個人的につらいことがあっても、仕事中は笑顔が基本です。

「おもしろくもないのに、ニコニコ笑えない」と考える人もいますが、金融機関で仕事をするうえでは、お客さまや上司から信頼を得て、好感を得るために笑顔は必要な要素です。

自分だけで「笑顔のつもり」ではなく、だれからみても最高の「笑顔」であるために鏡をみて笑顔の練習をしてみましょう。

笑顔の練習をしましょう

「(小さく)イ」といって止めた状態が笑顔に近くなります。

あごの角度

あごの角度で表情の印象が変わります。5度の違いが大きな違いになります。軽くあごを引き、視線が床と平行になるくらいがいちばんよいといわれています。自分自身にとって「普通」の状態なのに客観的にみたら不遜な印象を与えるほどあごが上がっている、ということがないようにしましょう。

友人や家族など周囲の人にチェックしてもらうのも方法の一つです。

あごの角度

表情の印象が変わります

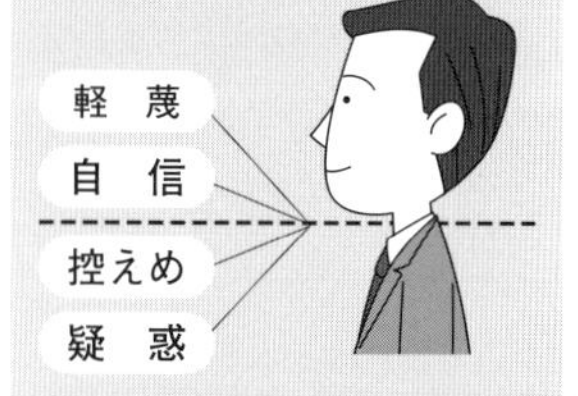

斜めからの視線

斜めからの視線は思わぬ誤解を与えます

●相手に正対し、顔全体を向けるように心がける

目線の差

目線の差異で不快な印象を与えます

●目線をそろえる
●近づきすぎない
●笑顔を添える

「態度」とは？

あいさつやおじぎ、身だしなみ、表情について学んできましたが、これらのことができていても最後に「態度」が整っていないとトータルでお客さまや上司など、相手に「よい印象」を与えることができません。

身だしなみがきちんとしていても、感じの悪い人はたくさんいます。「態度」はその総仕上げです。

まずは悪い見本を考えましょう。「その態度はなんだ！ ちゃんと聞いているのか!!!」とあなたが相手から怒られるシーンを想像してください。そのときあなたは、相手に顔を向けていますか？ 斜め下を向いていたり、正面を向いていても相手をにらみつけていたりしませんか？ あるいは両手をお尻のあたりで重ね合わせ、そっくり返って天井をみていませんか？ 両足ではなく片足にだけ重心をかけて立っていませんか？ 相手の話にはいっさいうなずかないでいませんか？

「よい例」がまったくこの逆なのはおわかりですね。

態度を決めるのは主に「姿勢」です。つまり「身体の使い方」といえます。立ち方、座り方など、金融機関の職員らしい立ち居振る舞いのポイントを以下にあげます。

立ち方

●あごは上げすぎず、引きすぎず（床と平行線）
●肩の力を抜く（左右の肩の高さをそろえる）
●背筋を伸ばし、おなかを引き締める

座り方

●背筋を伸ばし、椅子の背もたれとの間にこぶし1個分をあける（もたれない）
●脚を組まない
●女性は膝をそろえる
●テーブルの下でみえないからといって靴は脱がない

書類の授受

●必ず両手で授受
●感謝の気持ちはアイコンタクトで表す
●相手に対して正面に書類を向け、胸の高さでもつ

指し示し方

●手のひらを上に向ける
●指先をそろえる
●ペン等を用いない

その他注意のポイント

●たえず何かをしている（髪に触る、筆記用具を回す、貧乏ゆすりなど）ことは避ける

立ち方

●背筋を伸ばし、おなかを引き締める

座り方

●背もたれによりかからない

書類の授受

●書類は相手に向けて両手で

指し示し方

●手のひらは上に

言葉遣い1

言葉遣いの基本

企業活動において求められていることは、異なる立場の人々が協働して、最短の時間、最善の手段・方法で最大の効果・利益を得ることです。円滑にその活動を進めるうえでは「立場と役割をふまえたコミュニケーション」が最も重要視されます。社会人としてのスタートに備え、次の2点を押さえた会話ができるように、日頃から自己トレーニングを積むことを心がけましょう。

「正しい敬語」を用いること

そもそも、なぜ敬語を使う必要があるのでしょうか?

敬語には内容と合わせて、話し手と聞き手の関係を表現し、話し手の聞き手に対する尊敬の気持ちを伝えるという意味があります。

そのため、敬語を誤って使うと、聞き手にとっては話し手が上下関係などを誤って認識しているように伝わり、感情を害することにつながりかねません。

自分は今、「だれ」と「どんな立場」で話をしているかということを正しく理解していることとは、敬語を正しく使うことによって表現されるのです。

敬語を正しく使えるように、誤った使い方をしていないか自分でチェックするようにしましょう。とはいってもあまりむずかしく考えすぎる必要はありません。下記や次ページ以降を参考に、ある程度の言葉の種類や表現方法を覚えれば、敬語はだれでも使いこなすことができます。

相手に受け入れられる言葉や表現を用いること

では、正しい言葉遣いならよいのか? というと、交渉や説明をするといった場面では、それだけではすまされません。

●「本人確認資料を拝見します」

○「失礼ですが、ご本人様を確認させていただける運転免許証や健康保険証などはおもちでしょうか」

二つの文例ではどちらがよいでしょうか? もちろん後者ですね。

ポイントは「クッション言葉(⇩単語集)を使う」「相手にわかりやすい言葉を選ぶ」の2点です。特に金融機関特有の言葉はお客さまにはわかりにくいことが多いので、具体的にわかりやすく説明することを心がけましょう。

敬語を使いこなす

大きく分けて敬語には「尊敬語(⇩単語集)」「謙譲語(⇩単語集)」「丁寧語」の3種類があります。

ビジネスシーンで実際に多用し、間違いやすいのは「尊敬語」と「謙譲語」です。特によく使う言葉を以下のように一覧にしました。お客さまや上司に対して、いつでも間違いなく使うことができて当たり前です。尊敬語と謙譲語を混同して使わないように、下の表で確認しておきましょう。

	謙譲語	尊敬語
いる	おります	いらっしゃいます
する	いたします	なさいます
行く	参ります	いらっしゃいます、おいでになります
いう	申し上げます	おっしゃいます
書く	書きます	お書きになります
みる	拝見します	ご覧になります
知っている	存じ(上げ)ております	ご存じでいらっしゃいます

これだけ使えれば大丈夫！敬語集

①よく使うビジネス敬語表現

例	好ましい言葉
僕／あたし	私（わたくし、わたし）(NG：自分)
自分の会社／銀行	わたくしども、当社／当行
相手(お客さま)	○○様、御社（おんしゃ）
どこ／だれ	どちら／どなた様、どちら様（NG：何(なに)様）
あの人／その人	あの方／その方、あちらの方／そちらの方
あっち／そっち／こっち	あちら／そちら／こちら
男／女	男の方／女の方、男性／女性
一緒の人	ご一緒の方、お連れの方、お連れ様
自分の家族／他人の家族	父、母／お父様、お母様
今日／あした／あさって	本日(ほんじつ)／明日(あす)／明後日(みょうごにち)
きのう／おととい	昨日(さくじつ)／一昨日(いっさくじつ)
去年／おととし	昨年／一昨年
27日午後１時	27日火曜日（日付＋曜日）13時

②場面ごとの言葉遣い

例　来客対応で	好ましい言葉遣い
名前は？	失礼ですが、どちら様でいらっしゃいますか
何の用ですか	どのようなご用件でしょうか ご用は承っておりますでしょうか
だれに用ですか	どちらに（どの者に）ご用でしょうか
本当にすみません	誠に申し訳ございません
また来てください	またのお越し（ご来店）をお待ち申し上げております

例　電話応対で	好ましい言葉遣い
いつもどうも	いつもお世話になっております
ちょっと待ってください	少々、お待ちいただけますでしょうか
今、席にいません	ただいま、席を外しております
今日は、外出しています	恐れ入りますが、本日は外出しております
声が小さいのですが	恐れ入りますが、少々、お電話が遠いのですが

例　訪問先で	好ましい言葉遣い
わかりました	承知いたしました、かしこまりました
内容は聞いています	内容は伺っています、承っております
知りませんでした	存じませんでした
それはできません	それはいたしかねます
なんとかなりませんか	なんとかお考え願えませんでしょうか

（次ページへ続く）

言葉遣いNG集

今まで、何の疑問ももたずに使っていた言葉のなかには、「学生」としては許されても、金融機関の人間としては好ましくないものがたくさんあるはずです。次にあげる言葉がクセになっている人には、今から自分自身の言葉遣いを矯正することをお勧めします。

●NG「申込書のほう、書きました」
○OK「申込書を書きました」
※人と接しているとき（現在進行中）
●NG「書き方はこれでよろしかったでしょうか」
○OK「書き方はこれでよろしいでしょうか」
●NG「ワタシ的には全然、大丈夫です」
○OK「私は大丈夫です」
●NG「お名前は、なに様ですか」
○OK「お名前をお願いいたします」
※電話で伝言を受けたら
●NG「伝えておきます」
○OK「申し伝えます」

言葉遣い2

（前ページからの続き）

③職場内での言葉遣い

状況	好ましい言葉遣い
上司にものを尋ねるとき、頼むとき	お仕事中、失礼いたします
上司から命令を受けたとき	はい、かしこまりました
何か頼まれたとき	はい、承知いたしました
人にものを頼むとき	お願いいたします
ミスを犯したとき、謝るとき	申し訳ございません

④その他の好ましい言葉遣いの例

例	好ましい言葉遣い
できません	できかねます、いたしかねます
やめてください	ご遠慮願えますか
ある／ない	ございます／ございません
いいです	承知いたしました
やります／やれません	いたします／いたしかねます
知っています／知りません	存じております／存じません
ちょっと聞きたいんですけど	少々お伺いしたいのですが
～してください	～していただけませんでしょうか
そんなことはない	そのようなことはございません
どうでしょうか	いかがでしょうか
ちょっと待ってください	少々お待ちいただけますでしょうか
(担当者は) すぐ来ます	(担当者は)すぐに(ただいま)参ります
総務課で聞いてください	お手数ですが、総務課にてお尋ねいただけますでしょうか
(お客さまに)帰ったらいっておきます	戻り次第、申し伝えます
もう一度いってください	申し訳ございませんが、もう一度お願いできませんでしょうか
係長、課長が呼んでますよ	係長、課長がお呼びです
お待ちどおさまでした	お待たせいたしました
さっきいったこと、わかりましたか	先ほどの件で、ご不明な点はございますか 先ほどの件は、おわかり(ご理解)いただけましたか

相手にお願いするときの表現とは？

自分ひとりでできる仕事が少ないうちは、周囲の人に教えていただいたり、自分ではできないことをお願いしたりすることがよくあります。お客さまにも書類に記入していただいたり、再度のご来店をお願いしたりするなど、「依頼」の表現を多用することになります。依頼の表現の流れを覚えておくと今後に役立ちます。ポイントは4点です。

①クッション言葉を使う
②依頼の内容（結論）を話す
③理由を述べる
④感謝する

質問・依頼の仕方

クッション言葉

仕事を進めるなかでわからないことが出てきたとき、上司や先輩に質問することはとても重要です。しかし、まったく周囲に気を遣わず、いつでも何でも聞いてよいわけではありません。ここが、「学校における先生」と「職場における上司・先輩」の違うところです。まず本題に入る前に、クッション言葉を用いて一声かけます。

★お忙しいところ恐縮ですが
★恐れ入りますが
★（緊急であれば）お話し中、誠に申し訳ございませんが

質問・依頼の内容を話す

上司・先輩は忙しく、常に時間がありません。何についての質問・依頼なのかを早く知りたいと考えています。

★先ほどご指示いただいた○○の件で確認したいことがあるのですが、よろしいでしょうか？
★△△の事務処理の仕方を教えていただけませんか？

理由を述べる

同じ職場でも、理由をいわずともわかってくれる人と、あなたの知識や仕事の能力を把握していない人とが存在します。そのことを忘れずに理由もつけ加えましょう。

例「実は私はこのケースは初めてなんです」など

感謝する

貴重な時間を割いて教えていただくときは、メモを取りながら聞き、復唱します。そして最後にお礼の言葉を付け加えましょう。気持ちが仕事に向いていると「わかりました、すぐやります」だけで、意外に感謝の言葉を忘れてしまいがちなので注意しましょう。

●質問・依頼の仕方

流れ	言葉の例	ポイント
クッション言葉	お忙しいところ恐縮ですが 恐れ入りますが お話し中、誠に申し訳ございませんが	相手に対する配慮を表すクッションとなる言葉
質問・依頼	～いただけませんか ～したいことがあるのですがよろしいでしょうか	「してください」と命令形は使わない
理由	このケースは初めてなんです	いいにくいお願いの場合こそ理由をはっきり述べる
感謝	ありがとうございます かしこまりました よろしくお願いいたします	少なくとも貴重な時間を割いていただいたことに対して、感謝し、お礼の言葉を述べる

●クッション言葉の例

状況	クッション言葉の例
質問する前に	失礼ですが… おさしつかえなければ… つかぬことをお伺いいたしますが…
提案する前に	○○様さえよろしければ… おさしつかえなければ… ご存じとは思いますが…
依頼する前に	申し訳ございませんが… お手数をおかけいたしますが… ご面倒ではございますが… ご迷惑とは存じますが…
断る前に	申し訳ございませんが… 勝手を申して恐縮ですが… 申し上げにくいのですが… せっかくではございますが… 残念ですが… あいにくではございますが…

ビジネスコミュニケーションとは？

ビジネスコミュニケーションとは？

13ページに、組織とは構成員が協力しつつ、共通の目的を達成しようとする集団であると説明しました。

達成する目的が何であれ、一人ひとりが担当する箇所はごく一部です。組織運営に必要な仕事を自分ひとりだけで行うことはできません。また、自らの属する組織のみならず、外部の関係者・機関ともうまく連携していく必要があります。気が合わない人ともコミュニケーションをとっていかねばなりません。すべての関係者と円滑な関係を築き、気持ちよく仕事を進めることを実現するために必要なものが「ビジネスコミュニケーション」です。

学生の立場で「社会人のコミュニケーション」というと、「宴会」や「有志のメンバーで休日にサッカーをする」というレジャーのようなことを思い浮かべるのではないでしょうか？

もちろんそれもコミュニケーションの一つではありますが、業務のなかでの指示命令の受け方や報告、連絡や相談ということも同様に社会人として重要なコミュニケーションです（以降、わかりやすく区別するために「ビジネスコミュニケーション」とします）。

本書で学ぶマナーや敬語をふまえて「ビジネスコミュニケーション」がスムーズに運ぶ関係を築きましょう。決して「仲がよいこと」「親しく話をすること」イコール社会人のコミュニケーションではありません。仕事をするうえで必要な情報が、必要なときに交わされていることが重要なのです。

指示・命令の受け方

上司の指示・命令は話の腰を折らずに最後までよく聞き、メモを取ります。「5W3H」を埋めるように書くとモレが減ります。必ず、メモを取り、復唱し、確認することが仕事を速く終えるコツです。指示を受ければ、質問したいことも出てきます。前ページの質問の仕方にあるクッション言葉を活用しましょう。

報告のポイント

うまくいっていることもいないことも必ず指示者に報告します。報告があって初めて指示者はプロジェクトや作業の全体を把握し、必要な判断をくだすことができるからです。「あれはどうなった？」と催促される前に報告しましょう。一日のうちに終わらない仕事もあります。必ず途中経過を報告しましょう。まず、結果・結論を明らかにし、次に理由や経過を話すようにしましょう。報告する際は時系列（発生した順番）に話してはいけません。

ミスは「存在する」

ミスはよくないことですが、ミスをしない人間はいません。ミスをしてしまったら、迅速かつ正確に、事実を上司・先輩に報告し、指示を仰ぎます。最悪なのは、ミスを隠すこと、報告が遅れることです。特に信用が命である金融機関では、ミスが発覚した後の対応が非常に重要です。また、そのミスが起こった理由と、今後、同じミスを起こさないためにどうするのかを考える必要があります。

ビジネスコミュニケーションは結果責任

「相手の話をしっかり受け止め理解しよう」「相手に話をしっかり伝えよう」という心構えは大切ですが、結果として、自分が相手の考えを理解できていない、自分の考えが相手に伝わっていないということでは、コミュニケーションが成立したとはいえません。次のNGワードのような言い訳をしたくなったら、一度立ち止まって「コミュニケーションのどこに問題があったのだろう」と考えてみましょう。

NGワード

・だれも教えてくれないので

・それは知りません。
・その件は昨日メールしました。
・それはこの前お話ししたことです。

仕事の起点

上司は部下の自発的な報告や連絡、情報提供、意見具申を期待しています。それを受けて上司がさらに指示・命令を出すことで、スピードアップしてよい結果が出せるからです。結果的には上司を補佐したことになります。つまり、部下自身が仕事の起点は「上司から」ではなく「自分自身から」と考えていることが望ましい姿です。

QCDR

Q（Quality：品質）

自分に与えられた仕事を進めていくなかで、自分で「これでよし」と思ってもお客さまや上司・先輩にとって期待したレベルでないこともあります。自分基準ではなく、相手（お客さま）が満足する水準に達しているかどうかを正しく認識しましょう。

C（Cost：コスト）

また、同じ出来、同じ品質ならば、より低コストであるべきです。時間もコストに置き換えられますから、同じ品質の仕事ならば、より短時間で終えられるほうが、評価が高くなります。

D（Delivery：納期）

一度決まった納期は絶対厳守です。どんな仕事も締切りから逆算してスケジュールを立てる必要があります。

R（Risk：リスク）

事前に想定できるリスクを洗い出し、対応を検討する必要もあります。リスクの洗い出しは仕事の準備のうちです。

連絡～「横の連絡」は聞き流さない

職場では多数の人が働いています。自分の部署、あるいは支店全体を見渡して、だれが何を担当しているのかまったくわからない、というのは困ります。

では、どうすれば、支店のなかのことがよく理解できるようになるのでしょうか？　まずは朝礼時の発表や連絡を聞きもらしたり、聞き流したりしないように注意しましょう。どの係の人が、どんなことを発表・伝達しているのかをメモしてもよいでしょう。掲示物や回覧する書類なども同様です。最初はよくわからないことがほとんどだと思いますが、そこは「○○がよくわからなかったので、教えてください」と同じ係の身近な先輩に質問してみましょう。先輩にとっても、指示した業務以外に積極的な質問があることは非常に嬉しいことですから、「余計なことかな？」と心配する必要はありません。

次に、逆の視点で、自分の業務についてはどのように周囲の人に伝えていけばよいでしょうか？　それには、よい見本の先輩の言動を見習いましょう。きっと周囲の人にこまめに予定や現状を伝えているはずです。

〈例〉

「○○社さんと取引が進行中なので電話がありましたらよろしくお願いします」

「パンフレットの在庫は倉庫に入って右側の棚にあります」

「来週の○日は法事で休暇をいただきます」

周囲との連携が上手な人ほど、「当たり前のことを当たり前にやっているだけ」と思っているので、あらためて教えてくださることはありません。自分から積極的に発見していく姿勢をもちましょう。

● 指示・命令の受け方

返事	名前を呼ばれたらすぐに返事をし、メモをもってすみやかに上司の席へ行く
メモ	●話の腰を折らずに最後まで聞く ●話に集中する ●５Ｗ３Ｈの原則に従い、要点を正しくメモする
復唱・確認	●最後に要点を復唱する ●特に名称・数字などは正確に ●わからない点はその場で質問する
その他	●指示が重なった場合、優先順位を上司に確認する ●仕事の途中で疑問が出てきたら、再度上司に確認し、解決してから仕事に取り組む ●自分勝手な判断で進めない ●指示された仕事がすぐにできない場合は上司に理由を述べ、了解を得る

● 報告の仕方

話すコツ	●上司から催促、確認される前に報告する ●うまくいってもうまくいかなくても報告する ●いちばん重要な結論を先に話す ●結論の後に理由や経過を説明する ●よくないことほど、早く報告する
連絡の仕方・途中連絡	●長期にわたる場合や、状況に変化があったときは問題の大小にかかわらず連絡する ●細かいことでも社内宣伝を兼ねて連絡する
相談の仕方・メモ	●前もって何を相談するか、5W3Hのメモを作成する ●あわてない／感情的にならない

Q1 ～ Q10 のうち
正しいものは、どれでしょうか？
誤った表現と思われるものは直してみましょう。

Q1　配属後、久しぶりに本店で研修に参加することになった。研修の参加は、上司も知っていることなので、職場の周りの人（主に先輩）には特に何もいわなかった。

Q2　電話をとったら、クレームだった。自分のミスではないが、まずはお話を聞いて、タイミングをみて、上司に代わった。

Q3　お客さまから伝言を受けた際、「かしこまりました。担当者に申し伝えます」といった。

Q4　お客さまに対し「ただいま、少々お時間をよろしいでしょうか」と尋ねた。

Q5　お客さまに対し「全然知りませんでした」といった。

Q6　お客さまに対し「鈴木部長は席にいらっしゃいません」といった。

Q7　上司に対し「係長、部長が呼んでいます」といった。

Q8　お客さまに、自分の上司を「部長の山本でございます」と紹介した。

Q9　お客さまに対し「すみません」とお詫びした。

Q10　お客さまに対し「こちらでよろしかったでしょうか」と確認した。

正解

Q1 ×　仕事とはいえ通常の職場を不在にすることは周知する必要がある。
Q2 ○
Q3 ○
Q4 ○
Q5 ×　<表現例>「まったく存じませんでした」
Q6 ×　<表現例>「部長の鈴木は離席しております」
Q7 ×　<表現例>「係長、部長がお呼びです」
Q8 ○
Q9 ×　<表現例>「申し訳ございません」
Q10 ×　<表現例>「こちらでよろしいでしょうか」

3

ビジネスシーン別マナーの基本

訪問1

訪問前の準備

商談のための訪問の時間は非常に貴重です。新規開拓あるいは取引深耕（⇩単語集）という目的がありますから、訪問前の準備は念入りに行いましょう。訪問先についての予備知識から始まり、提案書やパンフレット、場合によっては返却物、各種伝票や朱肉や名刺など事務上必要な小道具まであげると多種多様なものを準備する必要があります。事前準備ができて初めて「訪問」「面談」という機会を最大限に生かすことができるのです。

アポイントメントをとったら訪問する前に話す内容を考えておくとよいでしょう。何のために訪問してどんなことを話すのか？　仕事に就いて間もないうちは、実際に訪問していると思ってイメージトレーニングすることをお勧めします。時間を設定して次の順番で話を進めるとスムーズです。

①世間話
⇩
②今回の訪問理由
⇩
③プレゼンテーション
⇩
④今後の予定
⇩
⑤クロージング

実際に訪問した場合は最後にあらためて、今日話した内容と今後の予定について確認し、退席します。

訪問の所要時間を考えると意外に見落としがちなのが移動時間です。前後のアポイントメントの時間との間に余裕をもった移動時間を想定してスケジュールを立てましょう。

約束の時間に遅れるのは厳禁です。遅れた時点で焦ってしまい、よいプレゼンテーションができるはずがありません。逆に早すぎても相手のスケジュールを乱すことになりますので調整しましょう。

訪問時の流れ～法人の場合

5分前到着

先方へは約束の5分前に到着することを通常とし、約束の時間に遅れるのは厳禁です。5分前に受付に到着するようにしましょう。

受付をする前に面会する支度を調えておきます。冬場は建物に入る前にコートを脱ぎましょう。

取次ぎの依頼と待機

受付や取次ぎに出た人に「○○の○○と申します。○○部の○○様と○時のお約束で伺いました」と、まず自分の会社名・氏名を名乗り、アポイントメントの相手の名前を告げます。初めて訪問する場合には自分の名刺を渡しながらのほうが相手はわかりやすくなります。

「応接室にご案内します」とご案内してくださる係の方の指示に従いましょう。

先輩・上司と同行の場合、先輩・上司の後に続いて歩きます。

待っているときに、うろうろしたり同行者とぺらぺらしゃべったりすることは厳禁です。

お茶を出されたら「ありがとうございます」「恐れ入ります」とお礼をいい、相手が現れて勧められるまでは、お茶には手をつけずに待ちます。

手土産・お祝い

金融機関で仕事をしていると、取引先のお祝いごとに接する機会があります。お祝いの品物はもちろん配送する場合もありますが、最も丁寧なのは持参することです。訪問時はまず、お祝いを述べて、最初にお祝いの品を渡しましょう。手土産なども同様に訪問時、最初に先方に渡します。逆にサービス品・粗品は商談の最後に日頃の感謝を込めてお礼とともに渡す、というのが一般的です。

年末はカレンダーや手帳、ボーナスの時期は新たなサービス品が出てきます。私物にせず、営業活動に役立つように有効に使いましょう。

席次

訪問した場合、基本的には上座へ案内されます。しかし、特に席を指示されなければ下座で面談の相手の人が来るまでは立ったまま待つようにしましょう。お客さまを自分の会社でご案内する際には必ず上座に案内します。お茶を出すときも上座のお客さまから順番に、身内である社内の者も席の順に出します。応接室や会議室等の席次（⇩単語集）について左図を参考に考えてみましょう。

プレゼンテーションの場合、メインのプレゼンターが上席者でも真ん中に座る場合もあります。１００％絶対ということはなく、ケースバイケースということにも注意しましょう。

室内だけでなく、車内、エレベーター内にも席の順位づけがあります。目上の人と同席する場合は十分に注意しましょう。左の図は一般的な席の順位づけです。実際に訪問する前に知っておきましょう。

一般の応接室での上座とは

- ●出入口から遠い席
- ●3人掛けあるいは2人掛けのソファ
- ●絵画や窓の外の景色が眺められる席
- ●事務所内の応接セットでは、原則として上座は事務机から遠い席

応接室の場合

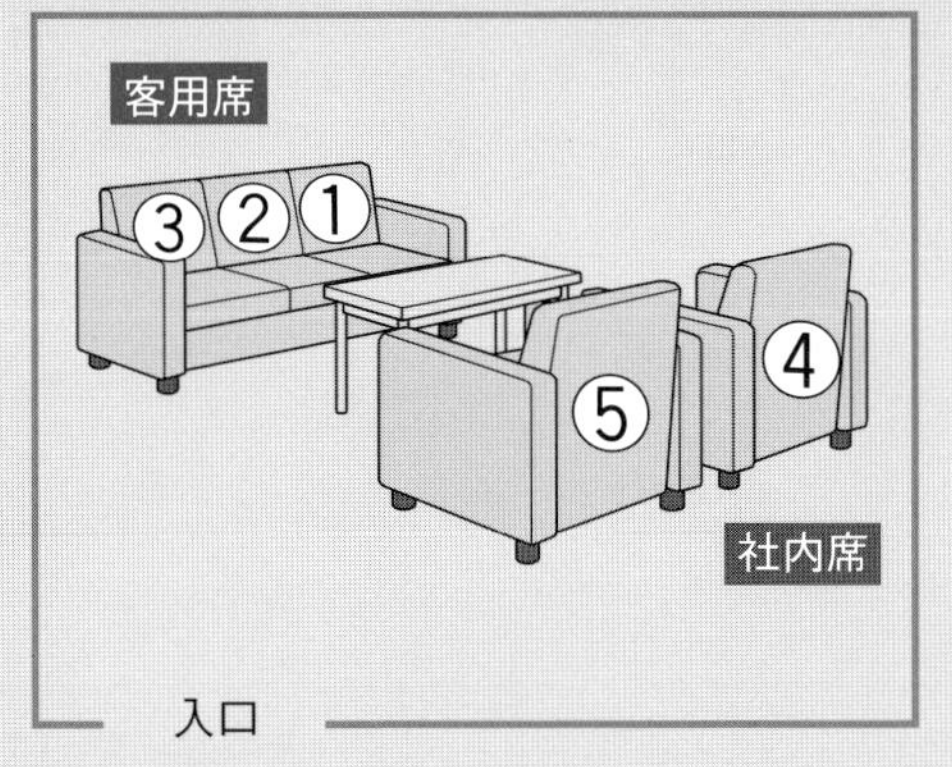

エレベーター内の場合

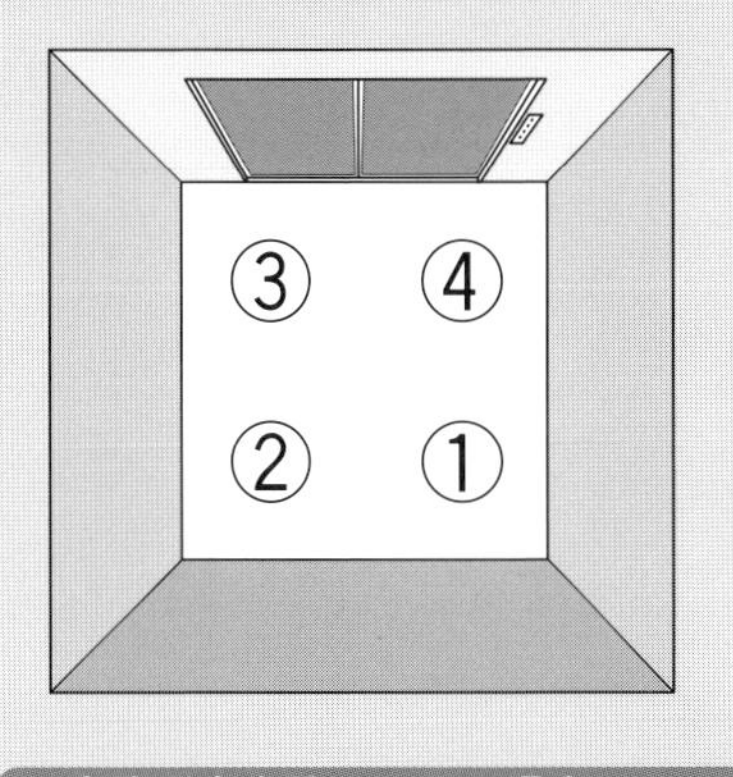

車中の席次

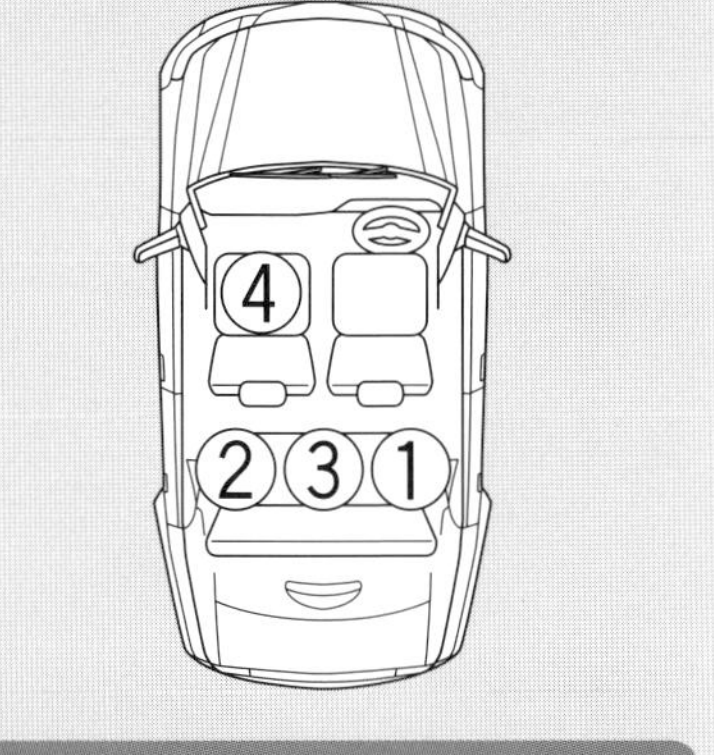

事務所内応接セットの場合

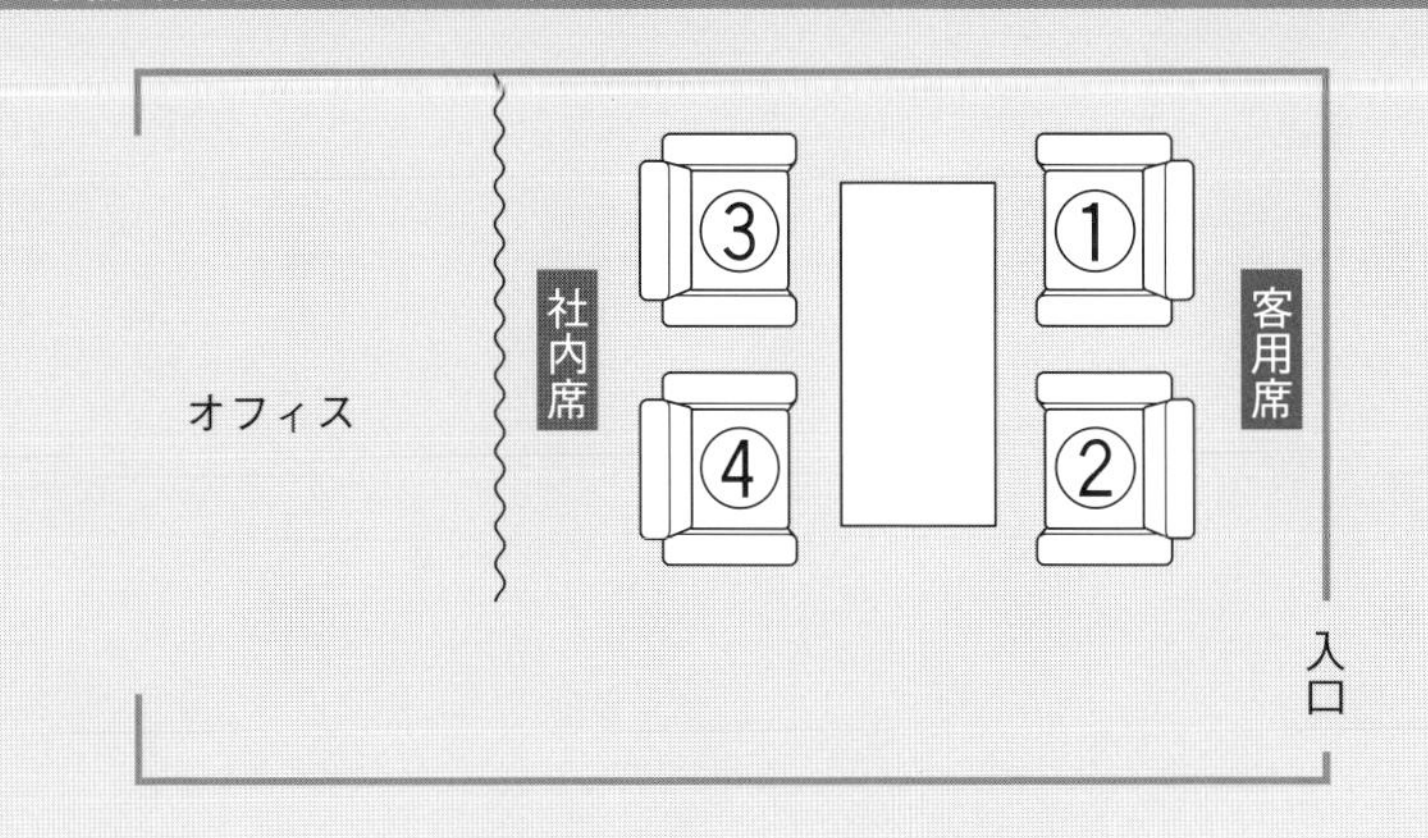

訪問2

あいさつ

案内された応接室に面談相手が入ってきたら、すぐに（座っていたら、立ち上がって）あいさつをします。初対面同士であれば、名刺（⇩単語集）を交換します。

上司に同行して、すでに取引のある企業に初めて訪問する場合には、上司があなたを「私どもの○○です」と紹介します。このとき「はじめまして、○○と申します」と名乗りながら名刺を差し出しましょう。反対に自分は面識があり、上司は初めての場合もあります。このときはまず相手に「私どもの課長の△△でございます」などと上司を紹介します。

相手に対してまず、自分・自社側から名乗ることがポイントです。名刺交換の基本は、目下の人から、目上の人に差し出すのが暗黙のルールとなっています。さらにここで気をつけなければならないのは、自分の上司を「△△課長」といわずに「課長の△△」と表現することです。商談中も「ただいま△△が申しましたように……」と、上司に対して謙譲語を用います。

上司も自分も初対面の場合は、上司から先に名刺交換をします。

名刺交換が終わって、相手に「どうぞ」と椅子を勧められてから「失礼します」といって着席しましょう。上司より少し遅れて座るのが着席のよいタイミングです。

商談

その後、いよいよ本題に入り、前述のようにイメージトレーニングし準備してきた内容の商談や打合せをします。

用件が終わったら「お忙しいところありがとうございました。今後ともよろしくお願いいたします」とお礼をしてから辞去します。

訪問時の流れ〜個人宅の場合

個人宅の訪問に関して、法人先との最も大きな違いは玄関先で用事がすむ場合があることです。また、お客さまの生活時間の一部になることから、アポイントメントの5分前よりも、ちょうどの時刻のほうが好まれる、という点も異なる点でしょう。当然、早朝や夜遅くの訪問は避け、食事時は外すなどの礼儀は必要です。

客間に通されれば、基本的に法人先の場合と変わりません。脱いだ靴の向きを変えることを忘れないようにしましょう。

訪問時の注意

世間話といってもあなたと年齢も経験も違う人との共通の話題を探すのは大変むずかしいことでしょう。ポイントは自分にとって関心のあることではなく、相手との接点となる話題を探すことです。「今日は暑いですね」という天気の話題からその時々のニュース、地元の話題もよいでしょう。たとえば、大きな桜の樹を見つけたら「春になるときれいでしょうね。お花見はなさるんですか？」、行列ができているラーメン屋さんを見つけたら「あそこのラーメン屋さんはおいしいんですか？」など、自然と会話がはずみます。

また、個人宅を訪問するとお茶だけでなく、お菓子等が出ることもあるでしょう。一緒にお食事をする機会もあるかもしれません。たとえ自分の嫌いなものであっても残さずきれいにいただくようにしましょう。

脱いだ靴はそろえる

名刺について

名刺はその人の立場を明らかにし、相手に印象づける意味でビジネスの場では欠かせない道具です。ビジネスパーソンの分身という側面も兼ね備えているので、扱い方によっては、相手に不快感を与えてしまうことも考慮しなければなりません。相手の前では名刺にメモを書いたりせず、ロゴや住所や名前に指がかからないように両手で名刺の端をもつようにします。

商談中はテーブルの上にいただいた名刺を並べて置き、退席のときに自分の名刺入れに入れます。ここで置き忘れたり、ポケットや財布、定期入れにしまうのはNGです。名刺入れはビジネスパーソンとして必要不可欠なアイテムとして購入しましょう。マチの大きいものをお勧めします。どんなときでも自分と会社をアピールできるようにきれいな名刺を最低でも15枚は準備しておくのがベターです。端が折れていたり、微妙に曲がっていたり、汚れていたりしている名刺を渡しては第一印象がよくありませんからチェックも怠ってはいけません。男性はスーツの内ポケットに、女性はジャケットのポケットに入れておきましょう。もし、名刺を忘れたり、たくさんの人がいらっしゃって途中で切らしてしまったら、帰社してからすぐに先方へ郵送しましょう。一言「先日は名刺を切らしておりまして失礼をいたしました」と手紙を入れることを忘れずに。

名刺の交換

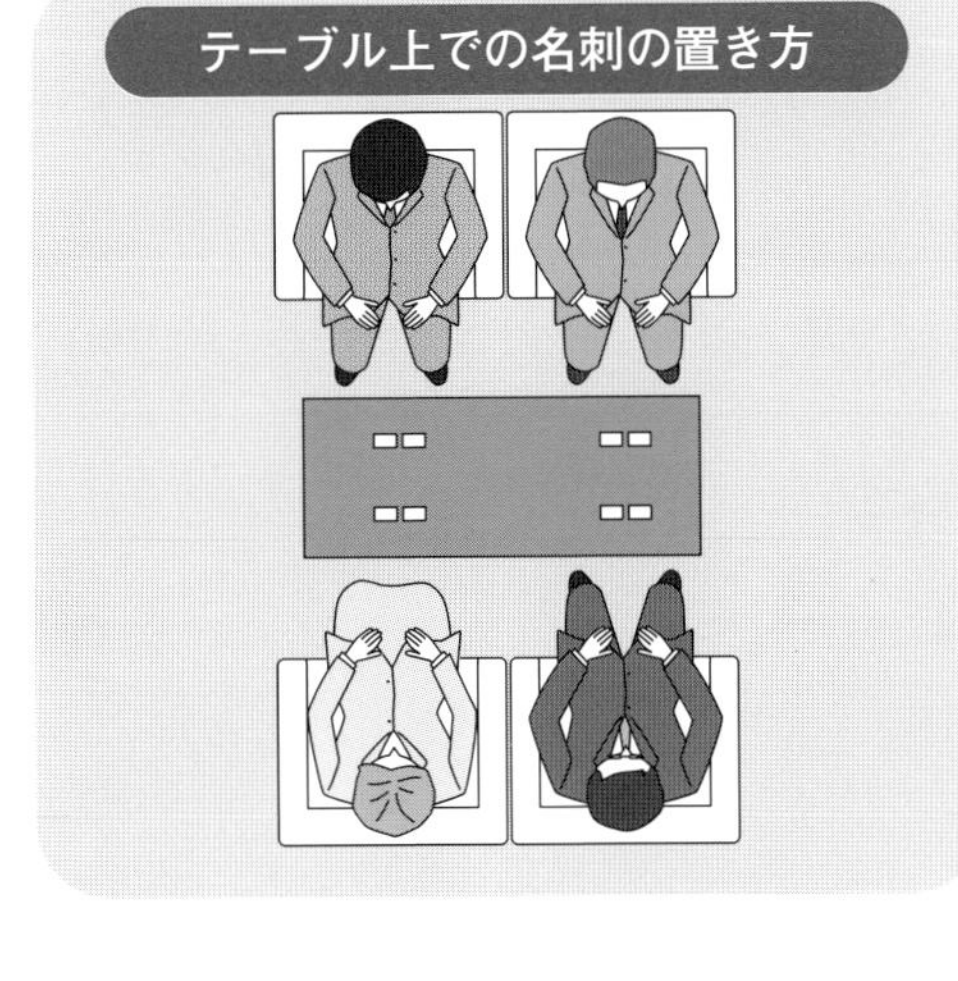
テーブル上での名刺の置き方

名刺を渡す際の注意点

名刺交換の際はテーブル越しに渡さず、立ち上がって必ず相手方に近寄って渡しましょう。細かい作法のように思えますが、大手の会社ほど、このような作法を重視する傾向があります。名刺はみやすいように相手のほうに向け、名前が隠れないようにもって自分の胸の位置へと出します。自分の名刺を右手でもち、左手には名刺入れをもちます。右手で自分の名刺を渡し、相手の名刺は左の名刺入れの上で受け取った後、空いた右手も添えて両手でもちます。実際に友人や家族などと何度も練習をしてみましょう。

名刺の授受時には

渡す側は……

「○○（会社名）の鈴木と申します」と社名と名前をはっきりと名乗り、

受け取る側は……

「ちょうだいします」と一言添え、相手の名前を復唱しましょう。

これは読み方が何通りもある名前やむずかしい名前の際には欠かせないことです。名刺を受け取って名前を間違えるのはなんとしても避けなければなりません。最初に確認すれば問題ありません。

プライベート時の名刺の取扱い

よく飲食店などで、むやみやたらと名刺を配る人がいますが、会社への電話やメール、DMなどが頻繁に送られてくるため、会社の名刺は基本的にビジネスシーンのみで配ることにしましょう。

複数対複数の名刺交換

先方も2名、自社側も2名の場合、名刺交換はだれから始めるのがよいのでしょうか？ 実はだれから名刺交換を始めるかも決まっています。

①まずは両社の上司（上席者）同士

※このとき、部下同士は待っていること。

②両社それぞれの上司（上席者）と相手側の部下

※2組が同時進行します。

③最後に部下同士

が正しい順番です。お客さまに対して〝目下〟の自社側から名乗りますが、複数名の場合は上席者から名乗ることになりますので十分注意しましょう。

電話応対

電話応対のポイント

入社前のみなさんが話す電話は、ほぼ「プライベート」の電話です。したがって、その応対ぶりや内容、評価は「あなた自身」のものです。しかし、今後社会人として仕事で電話を使う場合、電話の向こう側のお客さま・取引先にとってはあなたのイメージがそのままあなたの会社のイメージになります。極端にいうと、あなたの対応一つで、自社の印象が決まってしまいます。これまでといちばん大きく異なるのはこの事実だということを忘れないようにしましょう。

・電話に出るのが遅い
・言葉遣いが悪い
・たらいまわしにされる
・転送されるたびに同じ用件の説明を強いられる
・保留が長い
・周囲の笑い声が聞こえる

自分がお客さまの立場になって考えれば、こういった応対をされてよい気持ちはしないはずです。それに加え、お客さまの時間とコストがかかっていることを考えれば、できるだけ短時間で用件におこたえしなければなりません。

また、こちらからは相手の動作や表情がみえませんので、ささいなことからとんでもない行き違いや悪い印象を与えることもあり、対面で接しているときよりもさらに丁寧な応対を心がけることも必要です。電話応対は相手に声だけで「必要要件」や「誠意」を伝えるという、実は難易度の高いコミュニケーションなのです。

電話応対の基本は「正確」「迅速」「簡潔」「丁寧」です。四つの言葉の頭文字をとって「正迅簡丁」（セイジンカンテイ）とすると覚えやすいでしょう。常にこの言葉を頭に入れた対応を心がけましょう。

次ページの表を参考に、社会人として必要な「ビジネススキル」である電話応対をしっかりと身につけてください。

電話に出る前に必要な知識

まずは基本の敬語を身につけることが第一です。次にお客さまの電話を誤った担当者へ転送し、たらいまわしにしてしまうことのないように上司、先輩の名前と担当業務をしっかりと頭に入れておくようにしましょう。特に同姓の人がいる場合には注意が必要です。

内線番号の記載がある名簿などをもとに、あらかじめチェックしておきましょう。

また、自分の支店・部署の電話番号や住所であっても、最初はすぐに口から出てこないものです。慣れるまではみえるところに貼るなどの工夫をするとよいでしょう。

電話機の操作方法も確認しておきましょう。保留（⇩単語集）や転送がうまくいかず通話が切れてしまうこともありますので、何度か事前に試しておけば安心です。相手をお待たせするときに「保留」ボタンを押すのは最も頻度の高い操作です。最近の電話は感度がよく、送話口を押さえていても周囲の声が伝わってしまいます。印象を悪くしないためにも情報流出を防ぐためにも保留ボタンを使いましょう。最後に自社の組織や概要、商品知識は知っていて当然のこと、ほかにも得意先の社名や担当者、地名などで読めないものがあれば、あらかじめ確認しておきましょう。

電話の受け方・取り次ぎ方

電話を受ける場合・取り次ぐ場合の基本パターンは次のとおりです。

①名乗る
②相手を確認する
③あいさつ
④名指人を確認
⑤取り次ぐ

この五つのポイントをふまえて次ページの表を参考に全体の

流れをとらえましょう。

電話のかけ方

用件を確実に効率よくすませるために事前の準備（資料や予定表、場合によっては話すことのリスト）を調え、用件を整理してから左下の表を参考に電話をかけましょう。

相手が不在の場合

まずは先方に電話があったことを伝言してもらうようにしましょう。後ほどあらためて自分からかけ直すか、先方からご連絡をいただくかは状況や内容によって判断します。

一般的には相手がお客さまや目上の人の場合や、こちらからの用件に回答をいただく場合は自分からかけ直すのが礼儀です。相手が戻るおおよその時刻を確認するようにしましょう。

相手から電話を折り返していただくときは、さしつかえのない範囲で簡単に用件を伝えておきます。相手から早く連絡をもらうために、自分の電話番号や在席の時間帯は必ず伝えておきましょう。

電話を受ける場合・取り次ぐ場合の基本パターン

	言葉遣い	注意点
1 名乗る	「はい、○○銀行＊＊支店△△でございます」 「おはようございます、○○銀行＊＊支店△△でございます（朝10時頃まで）」 「お待たせいたしました。○○○でございます（呼出音３回以上お待たせしたとき）」	●呼出音が鳴ったらすぐに出る ●明るく、はっきりと、笑顔で応対する ●メモを取りやすくするために片手に受話器、もう片方の手にペンをもつ
2 相手を確認	「□□の○○様でいらっしゃいますね」 「恐れ入りますがどちら様でいらっしゃいますか」 「恐れ入ります、少々お電話が遠いようでございますが」	●メモを取る ●（わかっていても）復唱確認する ●相手が名乗らないときは確認する ●名前が聞き取れないときは確認する
3 あいさつ	「いつもお世話になっております」	●感謝の気持ちを込めて ●初めてのお客さまでもこのあいさつ
4 名指人を確認	「××でございますね、かしこまりました。少々お待ちください」	●同姓の者が２名以上いる場合は確認する ●社内の人間に敬称や敬語は使用しない
5 取り次ぐ	「××さん、□□の○○様からお電話です」	●転送 or 保留ボタンを押す ●取り次ぐときも丁寧な言葉遣いで受話器は静かに置く（先に指でフックを押して電話を切ってから受話器を置くようにするとよい）

電話をかける場合の基本パターン

	言葉遣い	注意点
1 名乗る	「私、××銀行の○○○と申します」 「おはようございます、○○○でございます（朝10時頃まで）」	●明るく、はっきりと、笑顔で
2 あいさつ	「いつもお世話になっております」	●感謝の気持ちを込めて
3 相手を確認	「□□の○○様はいらっしゃいますか」	●相手の部署名、役職などを間違わない ●本人が出ていたら「○○の件でお電話しました」（目的をまず、話す）
4 名指人が不在	「外出でいらっしゃいますか、かしこまりました」 「恐れ入りますが、何時頃お帰りでしょうか」	●クッション言葉を多用する ●相手が戻るおおよその時刻を確認する
5 伝言を依頼する	「××銀行の○○○から電話があったことをお帰りになってからお伝えいただけますでしょうか。私からまたあらためて×時以降ご連絡いたします」	●依頼内容は明確に ●必要なら「失礼ですが、お名前をおうかがいしてもよろしいでしょうか」と確認する
6 あいさつ	「お手数ですが、よろしくお願いいたします」	●感謝の気持ちを込めて
7 電話を切る		●原則は電話をかけたほうが先に切る （当面、社会人なりたての立場としては、相手が切ったのを確かめてから静かに受話器を置く。先に指でフックを押して電話を切ってから受話器を置くようにするとよい）

ビジネス電話のフレーズ集

1 名乗り

午前10時まで ……………………➤●「おはようございます。＊＊銀行、△△支店でございます」

午前10時以降 ……………………➤●「(お電話ありがとうございます)＊＊銀行、△△支店でございます」

2 相手が名乗ってくださった後…➤

●「株式会社＊＊の××様でいらっしゃいますね。いつもお世話になっております」

3 名指人が電話に出られない場合、保留を解除して

①電話中であれば、 ……………➤●「あいにく○○はほかの電話に出ております。しばらく時間がかかりそうでございますが
⇒後ほど折り返しお電話いたしましょうか?」
⇒いかがいたしましょうか？」

②外出中であれば、 ……………➤●「あいにく○○は外出しております。＊＊時に戻る予定でございます。戻りましたら折り返しお電話いたしましょうか?」
●「あいにく○○は外出しております。いかがいたしましょうか？」

③離席中(トイレなど)であれば、…………➤●「あいにく○○は席を外しております。戻りましたら折り返しお電話いたしましょうか？」
●「あいにく○○は席を外しております。まもなく戻りますが、いかがいたしましょうか？」

④休みであれば、 ……………➤●「あいにく○○はお休みをいただいております。○日（曜日）に出社いたします。お急ぎでしたらご用件を承りますが、いかがいたしましょうか？」

4 ほかの部署の電話がかかってきたとき………➤

●「こちらは融資課ですので、外国為替の窓口へ転送いたします。少々お待ちいただけますでしょうか？」

5 自分ではわからないことを聞かれたとき…➤

●「すぐにはわかりかねますので、確認いたします。少々お待ちいただけませんでしょうか？」
●「私ではわかりかねますので、ほかの者と代わります。少々お待ちいただけますでしょうか？」
●「私ではわかりかねますので、上席の者に代わります。少々お待ちいただけますでしょうか？」

6 電話の声が聞き取りにくいとき、訛りや方言など。聞こえない、声が小さいとはいわず、…➤

●「お客さまのお電話が少々遠いようですが…」
●「恐れ入りますが、もう一度お願いいたします」

7 上司・先輩からかかってきたとき…➤

●「ご苦労さま」は目上から目下へいう言葉です。ビジネスシーンでは電話以外でも「お疲れさまです」といいましょう。

その他の電話応対のポイント

電話は相手の顔がみえない非対面のコミュニケーションですが、相手が目の前にいるような気持ちで話すと自然と言葉や態度もソフトになります。また、間違えがちな同音異義語、固有名詞、人名、数字の確認は特に念を押しましょう。

＜紛らわしい発音の例＞
1（イチ）7（シチ）8（ハチ）
渋谷（シブヤ）　日比谷（ヒビヤ）など

携帯電話

お客さま・取引先から「○○さんの携帯電話の電話番号を教えてほしい」と頼まれることがあるかもしれませんが、決して安易に教えてはなりません。「確認いたしましてあらためてご連絡いたします」と対応し、本人、上司に報告、連絡をしましょう。

携帯電話から電話をいただくと、電波状況が悪いために途中で通話が切れることがあります。電話をかけたほうがかけ直すのが原則ですが、お客さまや目上の人で、相手の連絡先を知っていれば、こちらからかけ直すというのもよい対応です。

苦情の電話

苦情の電話を受けた際は、相手の言い分に途中で口を挟まず、最後までよく聞きましょう。相手の非が明確であっても、すぐに指摘しない、感情に流されないなどが常に冷静に対応するためのコツです。お客さまのおっしゃる金額や日付、商品やサービス名などはメモをとり復唱を交じえながら聴くと、上司・先輩へのバトンタッチも容易になります。

電話は、第三者も聞いています。自分の周りの人間にあなたの電話応対が聞こえていますから「まぁ、いいか」は通用しません。

知らないことを聞かれたり、苦情をいわれたりするかもしれませんが、新入職員として「自ら進んで」電話をとりましょう。一日も早く、お客さま、取引先の名前を覚えることも仕事のうちです。

● 5W3H

When	いつ、いつから、いつまでに
Who	だれが、だれに、だれと、だれを
Why	なぜ、何のために
Where	どこで、どこに、どこが、どこを
What	何が、何を、何に
How to	どのように
How many	いくつ、どのくらいまで
How much	いくらで

伝言メモの書き方

伝言メモの取り方

電話のメモの基本は5W3H（いつ、だれが、何のために、どこで、何を、どのように、どのくらいまで、いくらでなのか）です。具体的には相手の氏名、会社名、部署名、折り返し先の電話番号と、電話を受けた日時、受けた人の名前を書き込み、確実に名指人の目にとまる場所にメモを置きます。専用の電話メモや電話受付ノートには記入欄がありますから、もれなく書くことができますが、手持ちのメモに書いてしまうと意外に受付日時と受けた自分の名前を書きもらすことがありますので要注意です。折り返し電話がほしいと依頼されたら、相手の電話番号を必ず復唱し、確実に伝えることができるようにしましょう。

伝言メモ　　日付＿＿月＿＿日　AM／PM＿＿＿＿時＿＿分

＿＿＿＿＿＿様へ　［　　　　］様から

電話
□電話がありました
□電話をいただきたい　TEL（　　　　　）
□もう一度電話します　（　日　時　分頃に）

来訪
□来訪されました
□もう一度来訪します（　日　時　分頃に）

□用件は下記のとおりです

＿＿＿＿＿＿＿＿＿＿＿＿＿＿

取次者＿＿＿＿＿＿

メモのポイント

①最初から読みやすい字で書く（清書は時間のムダ！）
②5W3H
③箇条書き
④最小限度
⑤伝言自体を忘れない

eメールのマナー

ビジネスコミュニケーションツールとしてのeメール

この章では社会人の基礎知識である「eメール」ついて取り上げます。

金融機関の実務でeメールを使う場面は限定的です。情報管理の観点で使用が制限されているからです。しかし、eメールでのサービスや連絡が世の中で一般化している現代において「使わないから知らないでよい」ということはありません。

「特徴」や「マナー」を正しく理解して使うことは求められるビジネススキルです。

eメールの特徴

eメールには、文書、電話、FAXなど、従来のコミュニケーション手段と比較すると、さまざまな特徴があります。これらは、メリットといえる一方で、その特性を生かした使い方をしないと、情報の漏えいなど大きな事故につながります。状況に応じてベストな情報伝達手段を選びましょう。

eメールの特徴

eメールは、宛先や件名などが表示される「ヘッダー」部分と、メッセージが表示される「本文」部分から構成されます。さらに「本文」部分には、用件の文章を記述する『メッセージ』と『署名』の部分があります。

情報伝達手段のメリット・デメリット比較

	どんなときに利用するか	メリット	デメリット
eメール	●主として連絡に利用（会議案内など）	●手軽 ●相手を拘束しない ●返信しやすい ●一斉送信が即時に可能	●安易に書きやすい ●セキュリティ上問題が少なくない ●読まれないこともある ●ニュアンスが誤解されることもある
電話	●面談の代替 ●交渉に向いている	●微妙なニュアンスがわかる	●相手の時間を割いてもらう ●記録に残らない
紙	●正式な場合 ●お詫び状 ●お礼状	●信頼感がある ●一覧しやすい ●慎重に作成する	●社外文書などは作成に時間がかかる
FAX	●主として連絡に利用	●相手を拘束しない ●一斉送信が即時に可能	●機密性上問題がある ●誤配信がある

eメールの構成要素

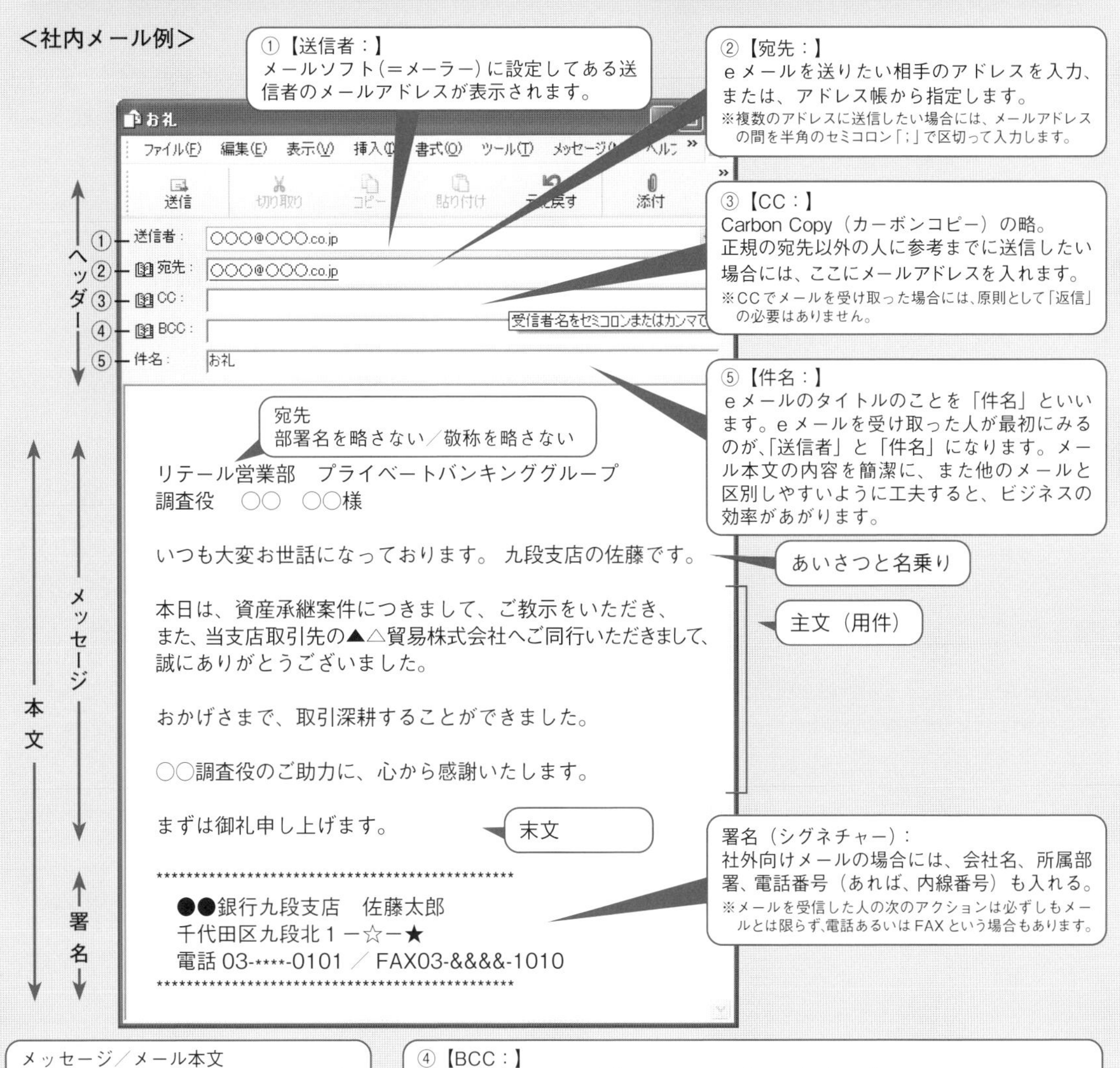

メッセージ／メール本文
　相手に伝えたい内容を示します。一般的なビジネス文書よりも、あいさつ文その他は、簡単に省略します。また、内容は長文にならないように、箇条書きなどを利用します。

④【BCC：】
Blind Carbon Copy（ブラインドカーボンコピー）の略。
この欄に入力されたアドレスは、「宛先」や「CC」に入力されたメールアドレスの人たちには、伝わりません。つまり、そのメールがBCCの人に送られたということが送信者以外にはわかりませんので、送信するメールの内容を直接の当事者ではないだれかに内緒で知らせておきたい、という場合に使います。

「eメールの十戒」

①案件名はより適切な表現を
～相手側のメール数が多いと読まれずに消去されてしまうおそれあり
　⇒依頼やアポイントメント日なども標題に入れることも有効
②紙と違い、モニターでは読みにくい点を配慮
　⇒モニター画面におさまる程度の文章に
　⇒30～35文字程度で改行を入れる
　⇒案件は一つが原則（二つある場合は別のeメールで）
　⇒引用は最小限
　⇒逆接文は最小限
③相手のeメール利用頻度を知っておくこと
　⇒余裕をもって
　⇒緊急の場合は電話で（eメールに頼りすぎないこと）
④eメールで文字化けしないよう注意
　⇒①②③、(株)、cmなど機種依存文字は文字化けするケースあり
　⇒HTMLメールはセキュリティソフトで弾かれる場合があるのでテキストベースがよい
⑤添付ファイルに注意
　⇒会社によっては、eメールの容量やウイルス対策で添付ファイルの使用を制限している場合があるので注意
⑥個人データの添付などの取扱いは、会社のルールを守ること
　例：禁止、暗号メールでの許可
⑦メールは誤読されるものと思うこと
　⇒連絡・通知文書に限定、交渉には利用しない（揚げ足取りされる）
　⇒感情的な文章は書かない（形容詞は使わない）
⑧ビジネス文書にはプライバシーなし
　⇒CCを使わないeメールはないと考えるべき
　⇒私用メールは禁止が原則
⑨eメールだからこそ推敲は不可欠
　⇒eメールを出す前に紙に出して読み直す
　⇒時間を空けて読み直す
　⇒名前と数字（電話番号、日時）に注意
　⇒漢字に変換しすぎない（自分が書けない漢字は使わない）
⑩メールの返信は24時間以内
　⇒回答ができない内容の場合は回答留保し、いつごろ回答できるかという中間回答を行うこと

ビジネス文書の書き方

ビジネス文書の構成

ビジネス文書の種類

ビジネス文書の種類は大きく分けて外部に出す「社外文書」と内部向けの「社内文書」があります。

社外文書には催事、行事等をご案内する案内状、お客さまへお知らせする通知状、そのほかに督促状やお詫び状があります。社内文書は報告書、議事録、稟議書、決裁書などがあります。

ビジネス文書は相手に用件を簡潔に伝えるため、形式的に一定のルールに従って作成する必要があります。よく使う文書はたいていテンプレートが整備されているため、まったくの白紙から作成することはないかもしれませんが、基本の要素は理解しておきましょう。書式の基本として下記の例にあげている書類送付状は文書を送付する場合、つまり社内にも社外にも使用されるものです。こちらを参考に一般的な文書の構成について説明します。

①発信日

文書を相手に発信する日付を右上に必ず記入します。文書作成の日ではない点に注意が必要です。令和〇年〇月〇日と記入し、元号を略さないようにします。西暦を使う場合もありますが、社内で統一されている方法に従いましょう。

②宛名

発信日より1行下げて記入します。1行目には会社・団体名を記入します。「㈱」などの略字や、社名の略称は使わず、必ず正式名称を使います。このと

ビジネス文書（社外文書）の一般的な構成

書類送付状

①発信日　令和〇年〇月〇日

②宛名
〇〇〇〇株式会社
〇〇部〇〇課
係長　〇〇〇〇様

③発信者
〇〇〇〇株式会社
〇〇部　〇〇課　〇〇〇〇
電話：000-0000-0000
FAX：000-0000-0000

④件名（標題）　書類送付の件

※頭語

⑤前文
拝啓　時下ますますご清栄のこととお慶び申し上げます。
平素は格別のご高配を賜り、厚く御礼申し上げます。

⑥主文
さて、下記のとおり書類をお送りいたしました。

⑦末文
何卒、ご査収の程、お願い申し上げます。

※結語
敬　具

⑧記書き
記
1．〇〇〇〇〇書類　〇部
2．〇〇〇〇〇書類　〇部
以上

きに「株式会社」の位置に注意しましょう。「株式会社」が社名の前にあるか後にあるかで別の社名となり、実際にそれぞれの社名の会社が存在することがあります。自信のない場合は確認することをお勧めします。2行目には部署名、3行目には役職名と個人名をフルネームで記入します。

社名やお名前の誤字・脱字は大変失礼にあたりますので、細心の注意を払いましょう。

敬称の使い方は次のとおりです。

○○○様（個人宛、一般的）
○○部長殿（役職宛）
○○株式会社御中（会社・組織宛）
○○各位（多数の個人宛）、
※「各位殿」など敬称をダブらせないこと

③発信者

宛名より1行下げて記入します。発信者名（社名、代表者名、部課長名、個人名）をだれにするか、用件の内容によって判断しましょう。

会社の住所、電話番号、FAX番号は必要に応じて記入します。

④件名（標題）

件名（標題）は相手がすぐに内容がわかるように本文の趣旨を簡潔・明確に表現します。

⑤前文

社外文書では冒頭に頭語をつけるのがルールです。「拝啓」が一般的ですが、あらたまった文書では頭語に「謹啓」、返信のときに「拝復」を使います。

次に時候のあいさつを入れます。

⑥主文

主文の書き出しは「さて」が一般的です。趣旨が正確に伝わるよう、簡潔で読みやすい表現を心がけましょう。記書きについて記する場合は「下記のとおり」等と書きます。

⑦末文

主文を締めくくり、趣旨の確認、先方の繁栄を祈る語句を入れます。「拝啓」を頭語に使用した場合、結語は「敬具」を忘れずに記入しましょう。「謹啓」の場合は「謹言」で結びます。

⑧記書き

詳細は、「記」として別途箇条書きにします。必ず「以上」で締めくくります。

社内文書で管理を要する重要文書の場合は、①の発信日の上に文書番号がつくことがあります。

封筒の書き方

ここでは社会人の一般常識として、左の宛名見本を参考に正しい封書の宛名書きの知識を身につけましょう。

宛名を書く場合はペンにも気を配りましょう。サインペンや万年筆などがお勧めです。最も正式な場合は結婚式などの招待状のような毛筆です。先方が開封する前に中身がおおよそわかるように脇付け（⇩単語集）で標記をすることがあります。内容を明示する例は「請求書在中」等です。また、本人にだけ開封してほしい場合は「親展」とします。

金融機関からの郵便物は個人情報が記載されているケースが多いので、特にこの「親展」はよく用いられます。

宛名見本

- 縦書きのほうが「正式」です。基本的には縦書きをお勧めします。
- 名前が中央になるように、また住所、社名に比べて大きな文字で書きます。
- 役職名（部長、課長など）は名前の上に小さめに書きます（部署名に続けては書かないこと）。
- 住所にビル名が含まれる場合、番地の後に続けず、改行して記入します。
- 差出人の名前とともに、日付欄がある場合は、発送日を記入しましょう。
- 切手を複数枚貼る場合は、縦に貼ります。
- 封をする際には透明テープ不可。糊づけをし、「〆」としてとじてください。
- 敬称について
  個人宛　⇒　様
  団体・部署宛　⇒　御中
- ㈱、㈲など略称は失礼にあたります。略さず正式名称を書きましょう。

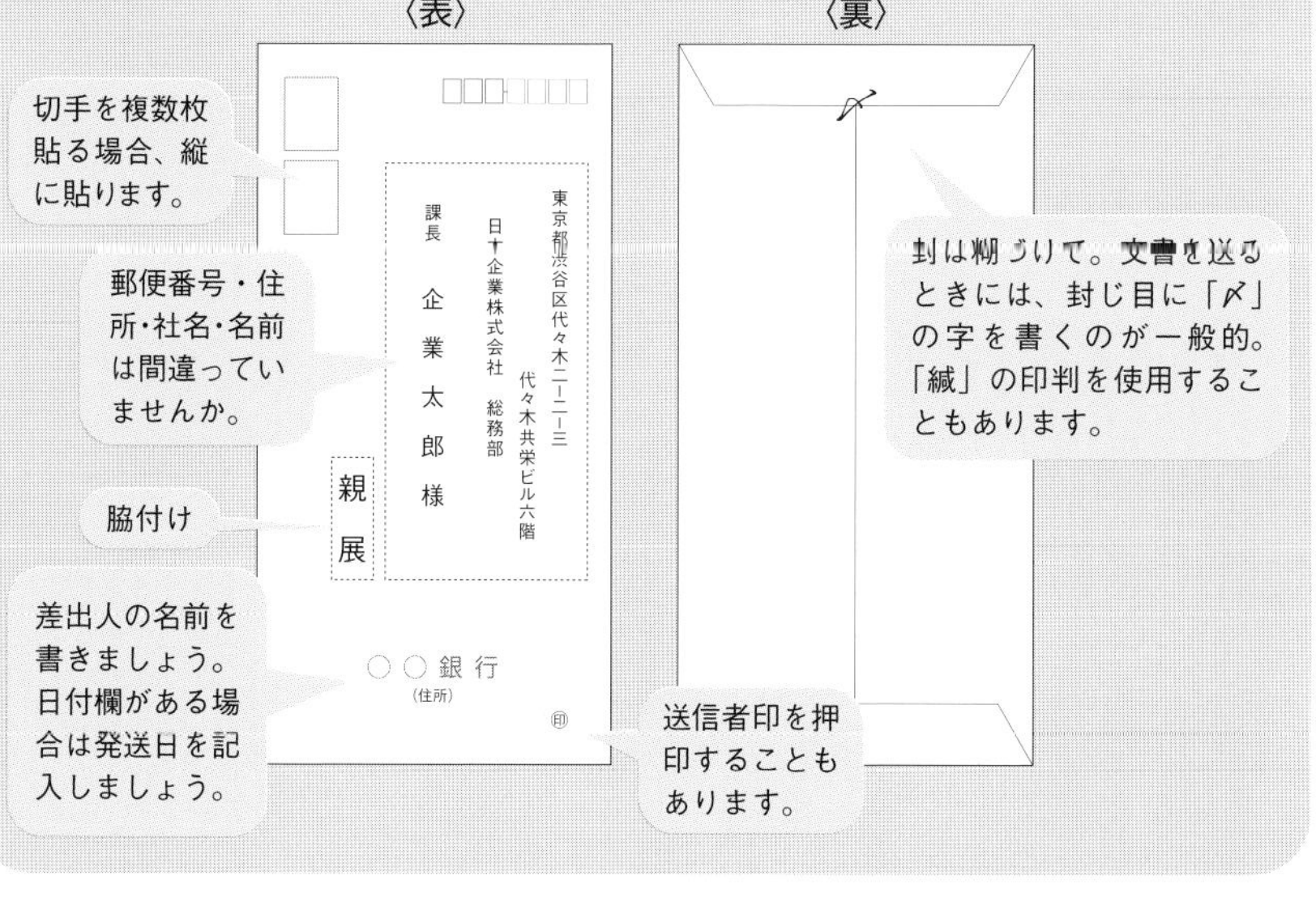

〈表〉

〈裏〉

情報管理の重要性

情報管理は組織の利益・信頼性保持につながる

金融機関では大量の重要情報を取り扱います。新入職員となったあなたには、それらの情報の価値がわかるようになることも覚える仕事の一つといえるでしょう。

情報の種類としては、紙の書類やデジタルデータなどがあります。具体的には、次のようなものがあり、情報資産といいます。

・お客さま自身が記入した申込書
・取引状況、残高などが記載された照会票
・事務通達書類、新規サービス等の機密資料
・行内のパソコンに保存されているデータ
・預金の入出金などを管理する専用端末のデータなど

みなさんもこれまで新聞やニュースで情報漏えいの事故について聞いたことがあると思います。

「数百人のクレジットカード申込書を紛失」「数千人の顧客情報の入ったデータがランサムウェアによって流出」などいろいろなケースがあります。

金融機関は特に、個人のお客さまの年収や借入残高などプライバシーに関連した情報を大量に保持しています。また、法人の取引先の経営戦略に関係する情報を得て、貸出の意思決定をすることもありますから、その価値の高さは法人のお客さまの同業他社にしてみれば大変なものになります。

機密情報が流出することによる組織の損害は非常に大きいものがあります。また、顧客情報が流出してしまうことで、企業イメージや信頼性においても大きな打撃を受けることは避けられません。

最近のセキュリティ事故の傾向として、個人（顧客など）情報の取扱いに関するものが非常に多くなってきています。個人情報保護法が整備され、個人情報の取扱いがますます重要視されるようになり、セキュリティ事故を起こすことは企業の存亡にかかわる問題になりつつあります。

このような状況で、本来、職場で行うべき仕事を自宅など外に持ち出して自分のパソコンで作業をすることは、情報管理上、厳禁です。

情報管理は整理・整頓、施錠から

業務終了後の金融機関の職員の机の上は、営業時間中と違い、きれいでさっぱりしたものです。

机の上にあるのはパソコンと固定電話（内線）くらいのものでしょうか。筆記用具も書類などもすべて机の中に保管しています。金融機関の職員は「机上には何も出さないように」と教育されています。そのうえ、鍵のかかる場所はすべて施錠しています。

また、お客さまの自署や捺印があるものは、机とは別に決まった保管場所に施錠して保管します。個人の机の中にしまって帰ることはありません。重要な書類はワークスペース内の書棚やワークスペース外の書庫、金庫に保管することになります。これらの保管場所はすべて施錠されています。

施錠する場所によっては、鍵の開閉記録や授受記録などの管理をみなさんの上司である管理職が重要な任務として行っています。

金融機関の場合、想像するとおり、現金管理は厳格ですし、現金以外にも未使用の預金通帳や小切手、証書など重要書類は「何を」「どのくらい使用し」「どのくらいあるか」という残高・使用の管理も極めて厳格に行われています。

このように、金融機関では、整理・整頓、施錠は徹底されています。

情報漏えいを防ぐために廃棄方法も重要

個人情報漏えいと聞くと、顧客リストの不正持出など故意の漏えいをイメージする方が多いかと思います。しかし、実際は、圧倒的に過失によるものが多数です。書類の誤廃棄、書類の紛失、配送物の誤送、FAXの誤配信、メールの誤送信などです。

そのため、金融機関の場合、不要になった書類もゴミ箱へポイッと捨てるわけにはいきません。

シュレッダーするもの、期限付きで保管するもの、そのまま捨てるものと分類が必要になります。そのまま捨てるゴミも一定期間保管されてから実際に廃棄されます。

このように厳重に対処していても、本来、保管されるべき書類を誤って廃棄したり、廃棄の仕方を誤ってしまったために、情報漏えいが疑われ調査に時間を要し、トラブルに発展するケースがあります。そのため、廃棄する場合もダブルチェックが徹底されている金融機関が多いです。

FAX送信に注意

金融機関の職員が通常使うパソコンは、多くの場合、外部環境との接続が遮断されたイントラネットの環境です。簡単に電子メールの授受ができない仕組みか、メールは受信できるが回答は電話という仕組みになっています。これは外部に顧客情報が流出するのを防ぎ金融機関の信用を図るためです。

そのため、お客さまのやりとりは、まず電話で連絡のうえ、詳細情報はFAXという金融機関が多いです。

となりますと、気を遣うのは、FAXです。実は情報の管理がむずかしく、間違った番号でも相手にFAX機能があれば、そのまま流れてしまいます。誤配信先がFAX機能付きの固定電話の場合も送信されます。もっとも、先方が、電話機能しかない固定電話であれば、情報は送られることはないですが、着信音が鳴りっ放しになります。

その対策の一つがダブルチェック制です。たとえば、一人が送信相手のFAX番号を入力したら、もう一人がその入力された番号をみて確認して、復唱し、送信ボタンを押すというやり方です。なかにはシステムによって厳格管理している場合がありますが、その仕組みを正確に知っておく必要があります。

書類の授受は授受簿をつけて

金融機関は、デジタル化が進んだといっても、紙の取扱いが少なくありません。お客さまとの郵送物だけでなく、行内メール便(社内メール便)といって、本部から各営業店への各種資料配布や営業店からの手形・小切手の集配など、毎日行内専用便を巡回させています。

授受に際して、誤送付しないよう、送付状・授受簿に記録をつけて、授受の取扱いを厳格にしています。相手が本当に送ったかどうか、相手が本当に受け取ったかどうかを確認する追跡システムを導入している場合は、送付状は自動作成されシステム画面で確認できます。

情報に対する一人ひとりの意識が重要

みなさんも就職活動のなかで、「いちいち入館証を書くのは面倒」「入退出にセキュリティカードが必要なのは何かと不便」と感じたことはありませんか?

それらは立場によって入ることができるエリアを区切り、エリアへの出入りをセキュリティカード・入館証等で管理しセキュリティを保っているからです。これは場所に限ったことではなく、システム上のアクセスにおいても資格や役職に応じた権限によって管理されています。

しかし、仕事に携わるとたとえ悪意がなくても、今、自分がかかわっている案件や、「こんなお客さまが来店した」と印象に残ったことなどはついついだれかに話したくなるものです。

では、その事柄について昼食の最中に飲食店で、あるいは通勤の電車のなかで、同僚と大声で話してよいものでしょうか?

また休日に学生時代の友人と久しぶりに会った際の話題はお客さまの「個人的」な情報に当たらないでしょうか? たとえ、友人がその情報について何の関心を示さなくても、だれが聞いているかわかりません。

どんなにルールがあっても、それをみんなが守らなければ意味がありません。また、ルールの意味と起こりうる被害が理解できていなければ、ミスを防ぐこともできませんし、金融に携わる人間としてふさわしい言動をとるということができません。

これからみなさんが新入職員として一つひとつのルールを知る際には、「何のためのルールか?」「このルールによって何が守られるのか?」を常に意識するように心がけましょう。そうすることで、単なる規則の丸覚えでなく、「求められる姿」を意識した言動が身につくことでしょう。

テレワーク・リモートワークのマナー

コロナ禍をきっかけに、オンライン授業を受けるようになった、オンラインで採用面接を受けたという方々も多くいらっしゃるでしょう。働く環境でも世界中の組織でテレワーク、あるいはリモートワークと呼ばれる新しい働き方の導入が進みました。そして、研修受講や会議、商談に「オンライン会議システムの利用」という手段が増えました。みなさんは所属する組織のテレワーク・リモートワーク上のルールの遵守はもとより、お客さまや社外の方の働き方にも配慮する必要があります。

この章では新しい働き方に求められるマナーや注意点を取り上げます。

心構え～自律性と主体性

テレワーク・リモートワークでは、先輩や上司は、みなさんが今何をしていて、どんな問題にぶつかっているのかをリアルタイムに窺い知ることはできません。また、新人のみなさんも実際に同じ場所にいる先輩や上司の働く姿、発生する事柄から考え方を学ぶ、ということがむずかしくなります。だからこそ、テレワーク・リモートワーク時には職場での勤務時よりももっと自律的・主体的に一歩先を想定して働きかけることが望まれます。

具体的には「質問はありませんか」と相手に促されてから質問すべきことを考え始めるのではなく、考えながら聞くこと、気後れせずに質問すること、「まぁいいや」とやり過ごさないことです。

先輩や上司と同じように発想し、行動できるようになるために積極的に自分から先輩や上司の物事を考え方やその背景を想像する、知識も習得するように努めましょう。

テレワーク・リモートワーク時のコンプライアンス

業務に関する書類やノートパソコンの紛失・盗難は、個人情報漏えいなどの大きな問題になります。職場で勤務しているときと同様、仕事に関する書類や物品は社内規定に従い、取り扱いには十分に注意しましょう。自宅のなかであることに安心して整理整頓がルーズになり、ご家族・友人などからの漏えいなどのリスクがないとはいえません。始業時、休憩時、終業時のデスクの整理整頓は忘れず行いましょう。

●基本的に業務では組織から貸与されたパソコンを使用し、私物のパソコンはテレワーク・リモートワークの勤務中に使用しない

●パソコンの使い方は会社のルールに従う（勝手にアプリケーションをインストールしない等）

●仕事用のパソコンは家族や外部の人に使わせない

●会社のパソコンを無許可で外に持ち出さない

●カフェなどの外部のＷｉ－Ｆｉや公衆Ｗｉ－Ｆｉに業務で使用しているパソコンを接続しない

●業務で使用するデータを、自宅のパソコンやＵＳＢメモリなどにコピーしない

●同居している家族が資料を閲覧できる状態を避けるため、自宅の部屋に書類を広げたまま、パソコンを開いたままにしない

●パソコンのスクリーンセーバーを設定し、パスワードを入力することで解除できるようにする

●推測可能な簡易的なパスワードは使わないようにし、定期的に変更する

（パスワードの悪い例：名前、生年月日、電話番号、連続した数字、同じ文字の組合せなど）

●パソコンのデスクトップ画面にデータを保存しない

特にファイル名やフォルダ名に取引先の名前を使わない

テレワーク・リモートワークでの一日

業務開始時

勤務時間中は仕事をする時間であり、職場で働いているときと同様の意識や行動が求められます。働く環境を整え、メリハリをつけた働き方を心がけましょう。

①時間に余裕のある準備

始業時間に遅れる、身だしなみが整っていないということがないようにしましょう。

②整理整頓

業務に使用する文具や機材はいちいち取りに行かないようにひとまとめにするなど周囲に置くものを整理整頓します。使わないものや気が散るものはあらかじめ目に入らない場所に片づけるようにしましょう。

③スケジュール確認

本日のスケジュールだけでなく、一週間程度先の予定にも変更がないか、確認をする習慣をつけましょう。

④あいさつ・朝礼参加

業務開始時は上司・先輩にメールを送信する、オンライン会議システムを使った朝礼に参加する、などのルールがあるのが一般的です。「早め」の送信やログインを心がけましょう。目にみえる「出社」の代わりになるサインを上司や先輩方に認知していただく必要があります。職場の方に朝礼前にマイクやカメラを通してあいさつをしましょう。

朝礼に参加する前に①〜③までを終えているとスムーズに仕事にとりかかれます。

業務中

①時間管理

始業から終業までの間は、基本的に自宅のパソコンの前に常に座って業務を行いましょう。会社の応諾なしに勝手に勤務時間を変えてはいけません。

②職場勤務時と同じく勝手な行動はしない

自分の判断で勤務場所を近所のカフェなどに勝手に変更する、勤務時間中に業務に関係のない友人などと連絡をとる、といったことは厳禁です。

③連絡可能な状態にする

先輩や上司、職場の同僚といつでも連絡がとれるようにオンライン会議システムや携帯電話などを通信可能な状態にしましょう。呼び出しがあったときは、すぐに対応します。

④休憩時・離席時

画面はロックをかけ、机上を整理整頓してから離席します。休憩の時間はあらかじめ、WEB上で共有されるスケジュールに表示する、朝礼時に先輩・上司に伝えるなど、同じ職場の方にわかりやすく伝わるような工夫をするとよいでしょう。

⑤業務の中間報告

テレワーク・リモートワークならではの中間報告の例として、午後の業務の開始時に進捗を報告する、場合によっては一日の中で中間報告の回数やタイミングが決まっている、などがあります。

業務終了

時刻になったからとフェイドアウトするのではなく、業務終了の報告やあいさつをします。日報等の提出のルールに従いましょう。同時に翌日の実施事項を確認し、机上の整理整頓を忘れないようにします。

テレワーク・リモートワークならではの注意点

身だしなみ

身だしなみを整え、仕事をする姿勢に切り替えることが大切です。「ON」と「OFF」の区切りに着替えという行為は効果がある、という意見もあります。

テレワーク・リモートワーク時も出勤時と同様の服装と考えましょう。職場で規定があればそれにそった服装にします。

よくあるNG例

・上半身しかみえないからといって、ボトムスが寝間着
・メイクをしない
・ひげを剃らない

座り方、姿勢

勤務時間の間、ずっとローテーブルにノートパソコンを置いて床に座る姿勢では、腰が痛くなるのはおわかりですね。職場で勤務しているときと同様の姿勢で臨むことができるように机と椅子を用意しましょう。一般的な事務用机の高さは70センチ程度です。用意がむずかしい場合は、姿勢が悪くならないよう工夫し、腕や脚を組む、頬杖をつく、椅子にもたれかかるなどはしないように注意しましょう。

指示の受け方

電話やメール、オンライン会議システムでの会話など、さまざまな手段で業務の指示・連絡が伝えられます。一般的にはメールを使うケースが多いでしょう。メールで業務の指示を受けた場合は、内容を確認した後に「承知しました」という返信をすることがとても重要です。返信がないと、先輩や上司は「メールをみていないのだろうか」「きちんと仕事が進められているのだろうか」と不安になります。お互いが不安に感じることなく仕事を進めるために返信をしましょう。

オンライン会議システムを使うとき

遠く離れていてもインターネットを通じて、人が人と接点をもつことができるオンライン会議システムの利用はコロナ禍によって急激に広まりました。よく使われているものとして、次のようなものがあります。

・Zoom Meetings
・Microsoft Teams
・Cisco Webex Meetings
・Google Meet など

多様な働き方の拡大に伴い、組織内での会議はもちろん、取引先との打合せや採用面接などにもオンライン会議システムは使われるようになりました。

とはいえ、使うことのできるオンライン会議システムは組織で限定されていることがほとんどです。お客さまから指定を受けたシステムが組織のなかで使用可能なものとは限りません。その種類を確認しましょう。また、不慣れな方は、操作に慣れるためにも積極的に使いましょう。

対面とオンラインのメリットとデメリットは以下の表のとおりです。

会議も商談も、対面とオンラインのどちらがよいかの判断は、時と場合によって異なります。

オンライン会議（社内）のポイント

静かな環境

自分が思っているよりも周囲の音は相手に聞こえるため、できるだけ静かな環境を用意します。周囲の会話などが音声に入って他の参加者の集中を妨げることのないように、可能な限りヘッドセットを用意しましょう。

時間どおりに始められるよう余裕をもった接続

対面での会議と同様、時間に遅れないように早めに準備をします。10分から5分程度、前もってオンライン会議システムにログインし、他の参加者を待つのがよいでしょう。その間にマイクやカメラが正しく接続されているか、テストをしておくと安心です。

カメラはオンにし、顔がしっかりと映るようにする

オンライン会議の場合は基本的にカメラをオンにします。故障や不具合などで映らない場合は会議の主催担当・司会の方にその旨を連絡します。

自分の顔が正面にくるように

対面とオンラインのメリットとデメリット

	メリット	デメリット
オンライン	●移動の時間や交通費（コスト）が不要になり、生産性や業務効率が向上し、情報共有や意思決定が迅速に行える ●リモートワークなど柔軟な働き方への対応が可能になる	●音声トラブル（雑音、接続障害など）が発生すると、会議の進行を妨げる ●相手の様子がわかりにくいので、発言するタイミングがわかりにくい ●対面よりは議論が盛りあがりに欠けることがある
対面	●相手の表情や態度を通して、理解や納得の度合いを察知しやすい ●相手が関心を示すポイントがわかりやすい ●自分からの発言のタイミングがわかりやすい ●議論が深まる	●お客さまや参加者のスケジュールや会議室の空き具合などにより、タイムリーに行えない場合がある ●遠方からの参集となると移動に時間と交通費（コスト）が発生する ●場所の手配、配布資料の印刷などの準備の手間とコストが発生する

カメラの位置を調整し、逆光にならないよう気をつけます。テレワーク・リモートワークで背景に映る生活感のあるものはあらかじめ移動させましょう。

自分が発言するとき以外は、「ミュート（音声オフ）」にする

発言者以外の音声（雑音）が入らないようにミュート機能をオンに、発言するときはスムーズに解除し、すぐに対応できるように準備しましょう。

発言するときは、名乗ってから話す

質問や意見を述べる際は、「○○（名前）から一点質問してもよろしいでしょうか」など、だれが発言しているか明確になるようにします。また、話の終わりが明確になるように「以上です」などで締めくくると、会議の進行役や次の発言者が進めやすくなります。

参加時は聞いていることを表現する（リアクションは大きく）

対面よりも反応が伝わりにくいため、あいづちやうなずきなどのリアクションを大きくすると、話し手に安心感を与えます。

特にマスクをしている際は、無表情にみえがちです。目元しか相手はみえないのでリアクションは重要です。

資料共有はスムーズになるように準備しておく

資料を用いて説明する場合には、画面に表示するものをあらかじめ一つのファイルにまとめておく、字を大きくするなど、他の参加者が読みやすくなるように工夫します。

デスクトップを整理する

画面共有する際に、デスクトップが表示される可能性があります。コンプライアンスの観点からも常に整理しておきましょう。

オンライン商談（社外）のポイント

準備～前日までに

①場所

出勤している場合は、お客さまから画面を通してみえる背景に問題のない商談ブースや、インターネット環境の整った応接室等を予約するほうがよいでしょう。自社側の参加者が複数人で一つの場所からオンライン商談を行う場合もありますので、詳細に確認しましょう。

在宅勤務の場合は自宅のなかでも、できるだけ静かな場所で、また商談の時間帯は声や姿が入らないよう家族にも協力してもらえる手筈を整えましょう。

②資料

オンライン商談では、画面共有機能の活用や、事前の資料送付などが必要となります。事前に郵送、あるいはメールで添付ファイルを送る場合も多く、資料は対面の商談の時よりも早めに仕上げる必要があります。

③リマインドメールの送信

約束の日時のリマインドメールをお送りすることは、急なスケジュール変更を依頼されないためにも有効です。

当日

①音声・映像

基本的に社内会議の場合と確認事項は同じです。マイクの音量や音声に不具合がないかの事前テストやカメラの角度を確認します。相手と正対しているように見えるか、明るさや逆光になっていないか等はもちろん、必要に応じてバーチャル背景などを活用します。名刺代わりになる背景を作っておくと商談時に役立ちます。

②ディスプレイ画面

画面共有をする場合があるので、お客さまにデスクトップ画面や同時に開いている資料をみられてもよいように整理・削除します。マウスのポインターが小さすぎないか設定を見直すことができるとなおよいです。

③ログインは10分前に

相手がお客さまの場合は特に、お待たせしないように10分前にはWEB会議システムにログインし、お迎えする姿勢をもちましょう

④相手の環境にも気を配る

お客さま側も一つの画面に参加者が一人とは限りません。また、他の人に聞こえてしまう場合もあります。相手の環境にも気を配りましょう。たとえば「今、会議室ですか？」「どなたか周囲にいらっしゃいますか？」などと本題に入る前に言葉にしましょう。

■機材設置時の工夫

パソコンの下に本などを置いて底上げし、パソコンのカメラと目線が合うようにするなど、機材の設置についても工夫を凝らすと、見た目の印象がよくなります

⑤わかりやすい話し方のコツ

お客さまにとって聞き取りやすい音量であることはもちろん、強弱をつける、キーワードはゆっくり、繰り返す、などの工夫があると聞き取りやすく、理解を促します。大きな声を出そうとするのでなく「口を大きく開ける」ことを意識しましょう。ワンセンテンスを短くすることも効果的です。

会話のなかでさりげなく資料のページ番号に触れ、お客さまを誘導し、区切りのよいところで「ここまでで、ご質問はありませんか」と内容への理解を確認します。

Point Check!

ポイントチェック

Q1 ～ Q10 のうち
正しいものは、どれでしょうか？

Q1
２週間前に約束した訪問の日時は、 念のために前日に確認の電話を入れたほうがよい。

Q2
訪問先で応接室に案内されるときは、 上司が先を歩き、 部下は後から続く。

Q3
お客さまの所へ訪問したときは、 応接室の上席に座って待つほうがよい。

Q4
一対一で名刺交換をする場面では、 相手より先に自分から渡すようにしている。

Q5
複数で名刺交換をする場面（A社２人、B社２人どちらも上司と部下）で、上司同士が名刺交換をするのと同時に、 部下同士で名刺交換をした。

Q6
事情があって、 会社に遅刻をしている職場のＡ先輩宛にお客さまから電話があった。
あなたは「Aは遅刻をしています」と事実をそのまま伝えた。

Q7
自分からかけた電話だが、 相手がお客さまなので、 後から切った。

Q8
特に伝言のない場合、 電話があったことは名指人に伝えない。

Q9
法人の種類は（株）、（有）と略さず、 株式会社、 有限会社と表記する。

Q10
封筒の宛名に
日本産業株式会社　総務部　御中
課長　小川　一郎　　様
と書いた。

正解

Q1 ○
Q2 ○
Q3 × お客さまに着席を勧められるまでは立って待つほうがよい。
Q4 ○
Q5 × 目下の人から目上の人に差し出す原則があるので、上司同士の名刺交換の間は待つ。次にA社上司とB社部下、B社上司とA社部下の名刺交換が同時に行われ、最後に部下同士となる。
Q6 × 不在の理由は明確にしない。「外出中」が一般的。出社時刻の予定がわかれば、「○○時に戻る予定でございます」と伝え、急ぎの用件かどうかを確認する。
Q7 ○
Q8 × 伝言はなくても電話があった事実（相手の名前、会社名、受けた時刻）は伝える。
Q9 ○
Q10 × 日本産業株式会社　総務部
課長　小川　一郎　様
が正解。御中と様は同時に使用しない。

コラム
社会人になってから役に立つちょっとした習慣

整理整頓

ビジネスにおいて「整理整頓」は、個人の好きずきに委ねられる問題ではなく業務の一環といえます。仕事上、取り扱うものはすべて、個人のものではなく、組織のものだからです。

モノのありかについて、自分がみてわかるだけでなく、いつだれがみてもわかるようにするのが「整理整頓」のルールです。

ＩＴ化が進み、ペーパーレス化が進んだ今日でも、金融業には「書類」が多く存在します。多様な書類をいかに保管するか？　基本的には日付順、コード番号順、あいうえお順などルールがあり、新たな書類はルールに従って保管します。その徹底ぶりは、比類ない程といえます。

ここで振り返ってみましょう。みなさん、ご自身の部屋を整理整頓していますか？　もちろん、私物にコード番号までつけよ、といっているのではありません。しかし、プライベートで整理整頓が苦手な人が、仕事のときだけきちんとできるかというとそれは疑問がわきます。まず、学生のうちに自分でできることから着手してください。

＜例＞書棚をそろえる、衣服も季節ごとに分類する、年賀状や手紙を年ごとに分ける、パソコンのメールやデータのフォルダをわかりやすく体系化する、など。

上司・先輩の話は、目を合わせてうなずく／「あいづち」をうつ／復唱をする

ちゃんと話を聞いているのに「聞いてるの？」といわれることはありませんか？

家族や仲のよい友人であれば、多少のことは許してもらえます。しかし、職場で、先輩や上司に対して、さらにはお客さまに「ちゃんと聞いてないな」という印象を与えてしまうと、今までしてきた努力が水の泡となってしまいます。

相手の話を聞くときの鉄則は、①目を合わせてうなずく、②あいづち、③復唱、この3点です。

「目を合わせる」といっても、会話中にずっと目を合わせているとお互いに気まずくなります。メモを取る、相手の目をみる、資料をみる、ということを繰り返すようにすれば、自然なタイミングになります。そして、「聞いていますよ」というサインを送るつもりで、大きくうなずきます。具体的に表現しますと、首を10センチ上下に動かすくらいです。

次に、「あいづち」です。気の合う友人と話しているときは、あいづちに困るということは、まずないでしょう。でも相手が目上の人ばかりとなれば、あいづちの言葉をあらかじめ用意しておいたほうが便利です。

そして、最後に「復唱」です。期限や名称などの相手の会話中のキーワードを、あらためて自分からも言葉にすることです。

以下はあいづちと復唱の例です。あいづちのバリエーションは最低でも三つはほしいですね。

＜例＞

「はい、かしこまりました」

「そうなのですね」

「はい、＊＊ですね」

「よくわかりました、○○ですね」

「私もそう思います、△△ですね」　など。

ただし、「へぇ～」「あぁ、そういう……」「○○で……」と文末の敬語を最後まではっきり言い切らない復唱は、なれなれしい印象を与えるため、注意しましょう。

このようなことはそれほど難易度が高いスキルではありませんから、社会人になってからも先輩は「教えるほどではない」と考えがちで、指導すべき内容と思っていません。だからこそ、自分自身で気づいて取り入れていくべき習慣なのです。

仕事によく出る単語集

A～Z

CSR

(Corporate Social Responsibility の略)

直訳すると「企業の社会的責任」の意。

具体的には、

・環境に配慮した企業活動を行うこと
・談合など不公平な商取引や不適切な勧誘をしないこと
・個人情報の厳重な管理を実施すること

などです。

ESG

ESGとは、企業価値をあげるために必要な要素として、環境(Environment)、社会(Social)、ガバナンス(Governance)の頭文字を取ったもの。

SDGs

Sustainable Development Goals(持続可能な開発目標)の略で「エスディージーズ」と読みます。

世界が2030年までに達成すべき17の環境や開発に関する国際目標のこと。貧困や飢餓，エネルギー、気候変動などの分野に分かれており、さらに169の具体的なターゲットが立てられています。

あ行

あいさつの7大用語

おはようございます、いらっしゃいませ、かしこまりました、少々お待ちください、お待たせいたしました、申し訳ございません、ありがとうございます、の七つのあいさつの言葉です。金融機関に限らず、接客業の基本です。毎朝、このあいさつを職場の全員で唱和してから開店します。

アカウンタビリティ

説明責任のこと。お客さまにとって重要な情報は金融機関側から積極的に開示し説明することが求められています。不確実なことを断定的にいったり、重要な項目について不利益になることをいわないなどは、禁止されています。

会釈

3種類あるおじぎのなかで最も簡便なもの。エレベーターなど狭い場所や、目が合ったときに軽く頭を下げることをいいます。視線の先は相手のウエストあたり、いったん、下げた頭を止めること、目を合わせることがポイント。

か行

金融商品勧誘方針

金融機関がお客さまに各種の金融商品販売等を行ううえでの勧誘方針のことです。「金融サービスの提供に関する法律」により、金融機関はこの勧誘方針を策定し、公表することを義務づけられています。

なお、同法では、勧誘方針の公表に加えて、金融商品の販売等に際して、重要事項につき必ず説明することが義務づけられています。

金融商品取引法

2006年6月に、利用者保護と公正・透明な市場の構築を目的に、金融取引法制を整備し制定されました。

具体的には、

①規制対象商品を「証券取引」から「金融商品取引」へ拡大のうえ規制対象業務を横断化(金融先物取引法など四つの法律を廃止・統合のうえ「証券取引法」を「金融商品取引法」へ改正)
②業務内容に応じた参入規制の柔軟化、業者が遵守すべき行為規制の整備、顧客属性に応じた行為規制の柔軟化(プロとアマの区別)、開示制度、取扱業者に係る規制を定めること

などが定められています。

クッション言葉

相手への依頼や質問の最初につけて、相手にとって受け止めやすい表現にする言葉のことです。具体的には「恐れ入りますが」「お手数ですが」「失礼ですが」などです。上司・先輩に質問する際、お客さまに記入や押印を依頼する際などに使用するとよいでしょう。

敬礼

3種類あるおじぎのなかで最も使用頻度が高いものです。お客さまをお迎えするとき、お見送りするときなどは敬礼です。首を曲げずに上体を倒し、相手の膝あたりに視線をもっていくと、ちょうどよいおじぎの角度(30度前後)になります。

謙譲語

お客さまや上司と接しているとき、自分のことをへりくだって表現する言葉のことです。たとえば「参る」「拝見する」

などです。

　言動の主体（主語）は自分・自社側です。自分・自社側の言動を「控えめ」にいうことによって相手に敬意を示します。

個人情報

「特定の個人を識別できる情報およびマイナンバーや免許証番号、指紋、ＤＮＡなどの個人識別符号」を指します。金融機関では単なるお客さまの名前・住所・電話番号だけでなく、勤務先、資産、家族構成など詳細な情報を保有しています。

　一般的な企業に比べ、はるかに豊富な情報量ですから外部への漏えい、改ざんなどが生じると、お客さまがこうむる被害も甚大であり、金融機関自体の信用問題となります。

さ行

最敬礼

　３種類あるおじぎのなかで最も敬意・謝意が強いものです。お客さまにお詫びをするとき、強い感謝を示すときに用います。視線の先は相手のつま先あたりになります。おじぎの角度としては45度程度です。

席次

　訪問した場合、応接室内の座る席にも順番と意味合いがあります。上座・下座がそれにあたります。最も上座にあたるのは「出入口から遠い席」です。

　車に乗っても新幹線に乗っても席次があるので、上司やお客さまと一緒の際は注意が必要です。

尊敬語

　お客さまや上司と接しているときなどに、相手の言動について敬って表現する言葉のことです。たとえば「いらっしゃる」「ご覧になる」「召し上がる」などです。言動の主体（主語）は相手です。年長者、上司など、目上の人との会話では、ＴＰＯに合わせて敬語を使い分けます。

た行

取引深耕

　営業推進の際によく、「新規開拓・取引深耕を目指す！」というように使われます。

　すでに取引のあるお客さまとより多くの取引をすることや、さまざまな取引に発展させる、という意味で使われます。一方、取引のないお客さまと新たに取引することは新規開拓といいます。

は行

保留

　ビジネスの電話でお待たせするときは、必ず「保留ボタン」を使用します。保留前には「少々、お待ちいただいてもよろしいでしょうか」、保留後には「大変お待たせいたしました」という言葉がそれぞれ必要です。どんなに身内でも、親しい人でも必ず保留にします。

ま行

名刺

　名刺は目下の人から目上の人へ差し出します。初対面の場合、あいさつの後に、名乗りながら渡します。社名・部署名、肩書、名前、連絡先（住所・電話番号・ｅメールアドレス）が記載されていることによって、その人の立場を明確にするものです。自分の名刺は折れたり汚れたりしていないきれいなものを準備しましょう。

　お客さまや取引先からいただいた名刺はビジネスチャンスのきっかけになると同時に「個人情報」としても重要なものとなるため、管理方法もルールに従う必要性があります。

わ行

脇付け

　仕事で使うのは封筒のみに使う外脇付け。他見をはばかるという意味で「親展」「直披」などがあります。急ぐ場合には「至急」「急用」、返事を要する場合には「拝答」「待貴答」「乞返答」などがあります。

株式会社インソース

2002年11月設立。『あらゆる人が「働く楽しさ・喜び」を実感できる社会をつくる』という理念のもと、研修事業と人的資本経営のためのITサービス事業を展開する。コロナ禍の早期にオンライン研修の実施スタイルを確立し、2022年４月～2023年３月の年間研修実施回数は２万7000回超を達成。研修プログラム数は2023年３月時点で3900を超える。金融機関に限らず、行政機関、学校法人など４万1000組織を超える多様な取引先を抱える。

図説 金融ビジネスナビ 2024
——社会人の常識・マナー編

2023年８月10日　第１刷発行
（2006年６月28日　初版発行）

著　者　株式会社インソース
発行者　加　藤　一　浩
印刷所　株式会社日本制作センター

〒160-8519　東京都新宿区南元町19
発 行 所　一般社団法人 金融財政事情研究会
編 集 部　TEL 03(3355)2251　FAX 03(3357)7416
販売受付　TEL 03(3358)2891　FAX 03(3358)0037
URL https://www.kinzai.jp/

ISBN978-4-322-14353-9